BIBLIOTHÈQUE STÉNOGRAPHIQUE

MÉDAILLES AUX EXPOSIT. UNIVERSELLES

AVENTURES

DE

JEAN-PAUL CHOPPART

PAR

L. DESNOYERS

(*Franco : 60 centimes.*)

PARIS
BUREAU STÉNOGRAPHIQUE des FRÈRES DUPLOYÉ
12, rue Notre-Dame-de-Nazareth, 12.

J. PANCHÉ

STÉNOGRAPHIE-DUPLOYÉ

SEULE RÉCOMPENSÉE AUX EXPOSITIONS UNIVERSELLES
de Paris, de Lyon, de Vienne, etc.

VOYELLES

A	o	Petit cercle.
O	O	Grand cercle.
Ou		Grand cercle bouclé.
EU		1|4 de grand cercle avec point.
U		1|4 de grand cercle sans point.
É		Petit 1|2 cercle sans point.
È		Petit 1|2 cercle avec point au-dessous.
I		Petit 1|2 cercle avec point au-dessus.
AN		1|4 de petit cercle avec accent aigu au-dessus.
ON		1|4 de petit cercle avec accent aigu au-dessous.
IN		1|4 de petit cercle avec accent grave au-dessus.
UN		1|4 de petit cercle avec accent grave au-dessous.

CONSONNES

PE	|	Petite verticale.
TE	—	Petite horizontale.
FE	\	Petite oblique, de gauche à droite.
KE	/	Petite oblique, de droite à gauche.
LE	/	Petite oblique ascendante.
JE		Grand 1|2 cercle en forme de voûte.
SE		Grand 1|2 cercle en forme de bassin.
NE	)	Grand 1|2 cercle en forme de C retourné.
ME	(	Grand 1|2 cercle en forme de C.
X		S'écrit comme KS ou GZ.
BE	|	Grande verticale.
DE	—	Grande horizontale.
VE	\	Grande oblique, de gauche à droite.
GUE	/	Grande oblique, de droite à gauche.
RE	/	Grande oblique ascendante.
CHE		Grand 1|2 cercle pointé, en forme de voûte.
ZE		Grand 1|2 cercle pointé, en forme de bassin.
GNE		Grand 1|2 cercle pointé, en forme de C retourné.
ILL		S'écrit comme plusieurs i.

Signes euphoniques Z T N R K

Les voyelles se tracent dans n'importe quel sens. Eviter les angles.

Les consonnes se tracent toujours dans le sens indiqué.

Seules, les deux consonnes L et R se tracent de bas en haut, en remontant.

p b t d f v k g l r j ch s z n g n m a o ou eu u é è i an on in un

La **STÉNOGRAPHIE DUPLOYÉ** n'écrit que les *sons*; elle ne tient aucun compte de l'orthographe : c'est la photographie de la parole.

Les *signes euphoniques* ou *de liaisons*, ainsi que les *points* et les *accents* indiqués pour certains signes, se suppriment habituellement.

Les signes s'unissent les uns aux autres, de manière à ne former qu'un monogramme pour chaque mot. Eviter les angles.

Toutes les personnes qui enverront à M. Duployé, 12, rue Notre-Dame-de-Nazareth, à Paris, la traduction exacte de ces quelques lignes, et qui demanderont pour au moins 1 fr. 50 de volumes de la BIBLIOTHÈQUE STÉNOGRAPHIQUE, recevront gratuitement, pendant un mois, les DEUX journaux LE STÉNOGRAPHE et les ORATEURS STÉNOGRAPHIÉS. — On ne peut gagner cette prime qu'une fois.

JEAN-PAUL CHOPPART

Imprimerie du Bureau sténographique des Frères DUPLOYÉ, rue N.-D.-de-Nazareth, 19, à Paris

JEAN-PAUL CHOPPART

PAR

Louis DESNOYERS

(Franco : 60 centimes.)

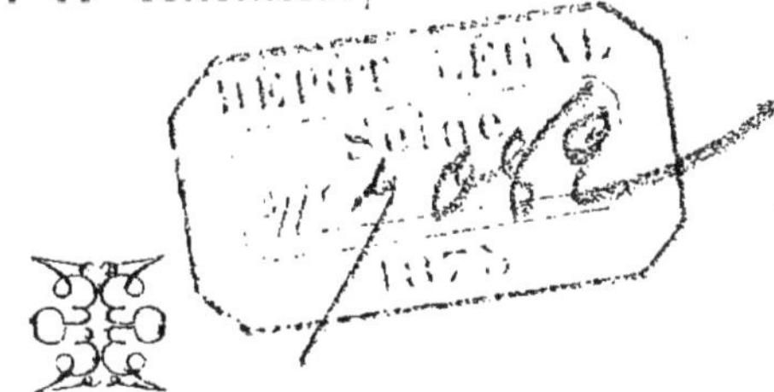

PARIS

BUREAU STÉNOGRAPHIQUE DES FRÈRES DUPLOYÉ

12, rue Notre-Dame-de-Nazareth, 12

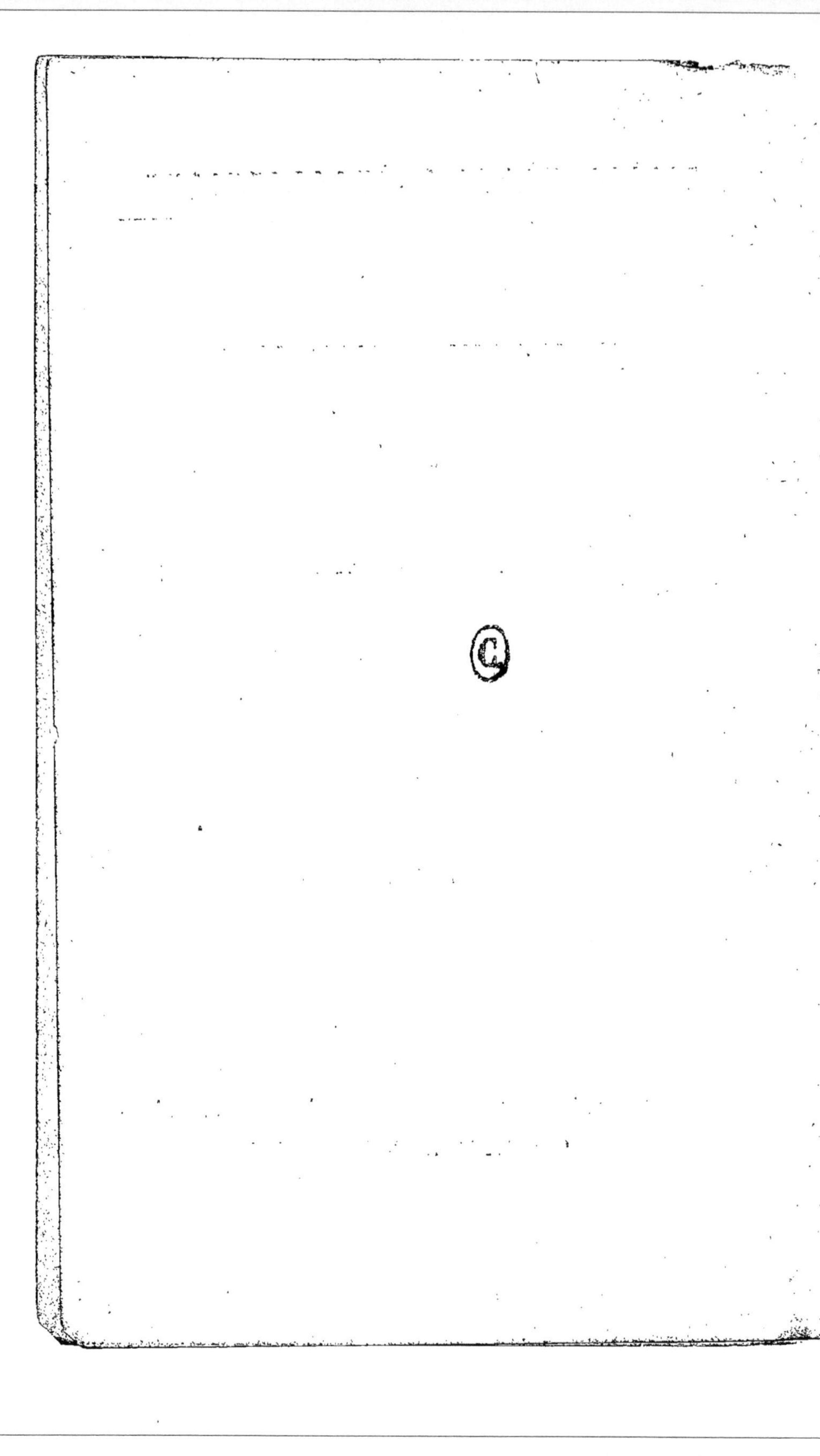

Humann,

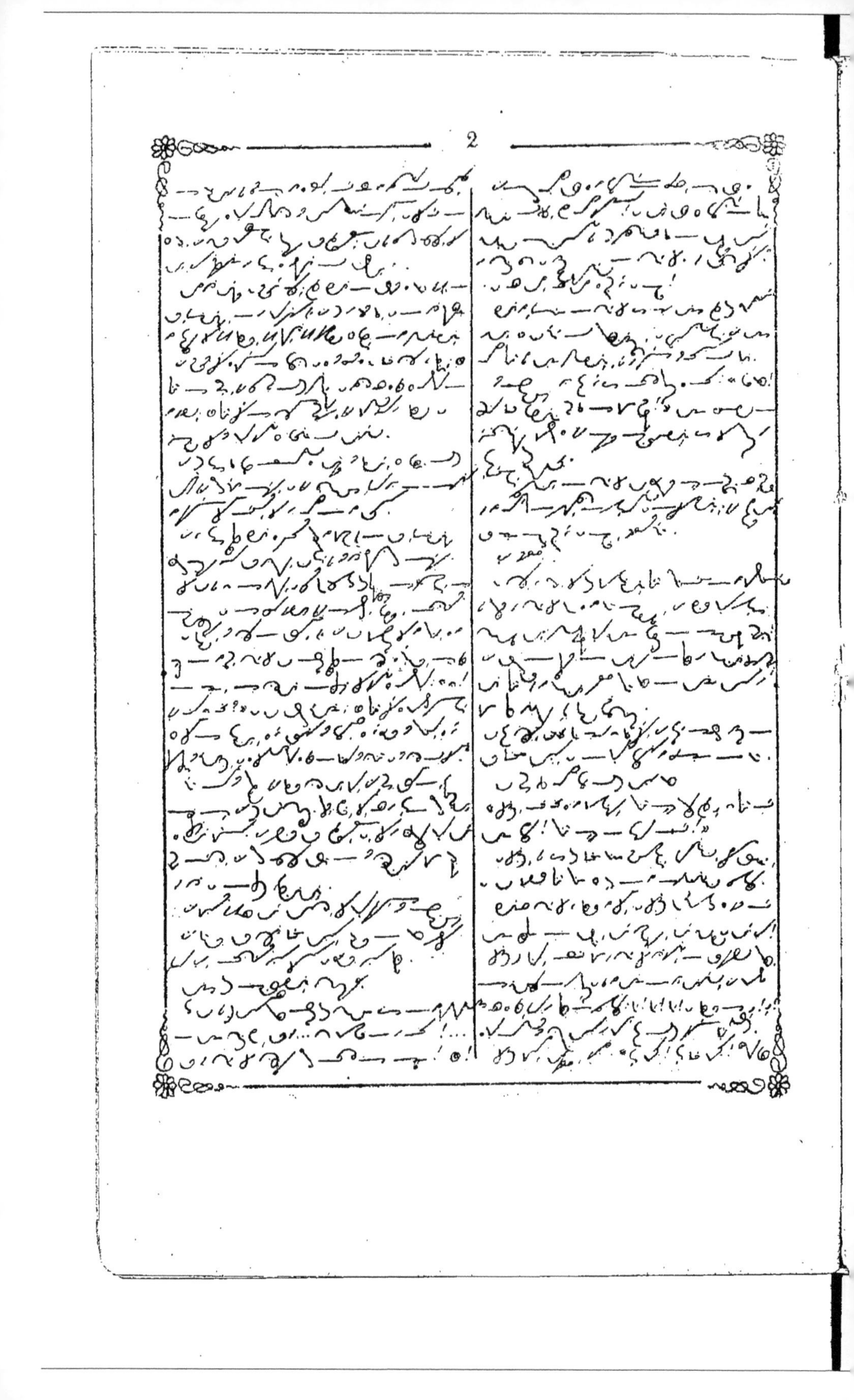

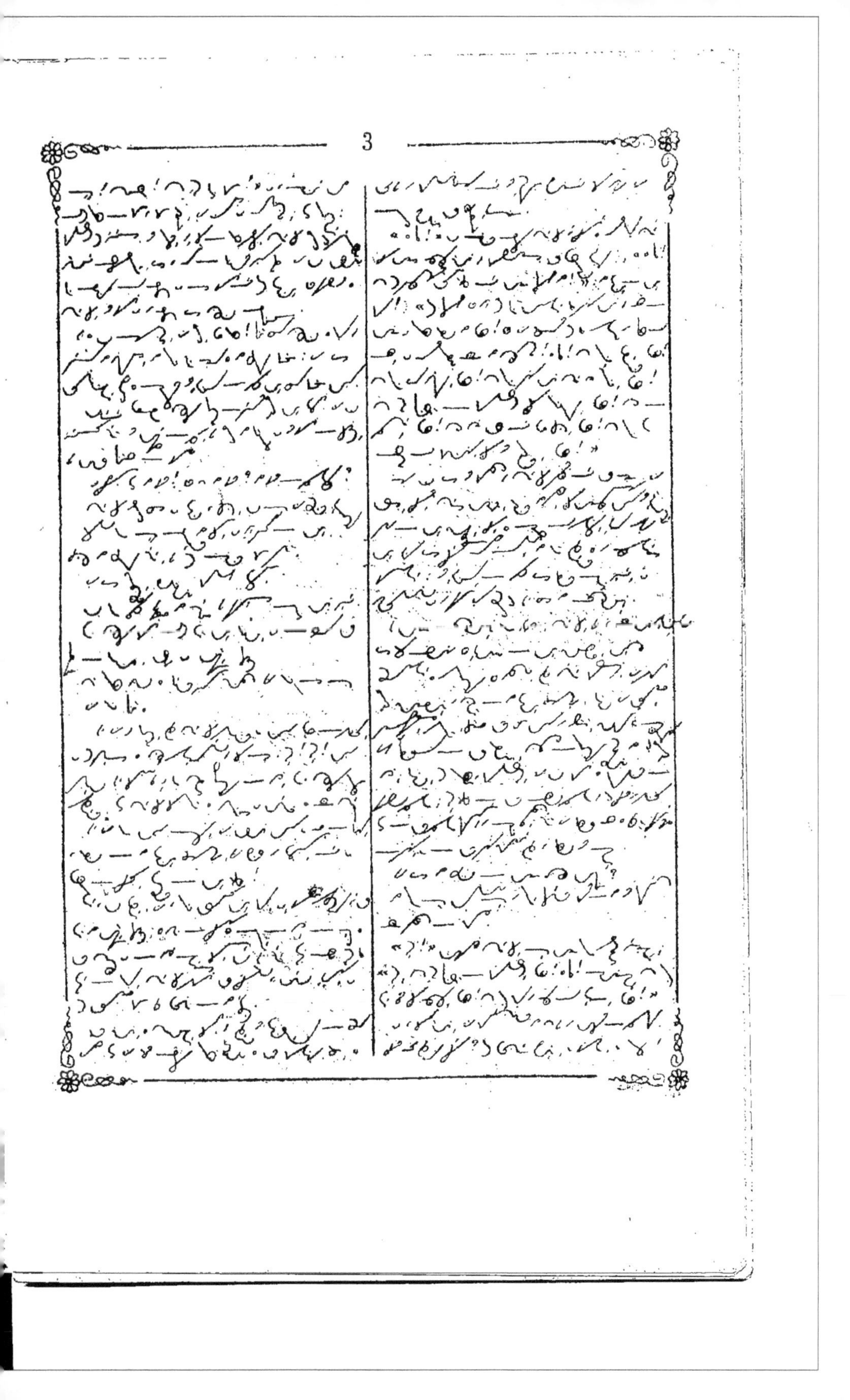

· / II

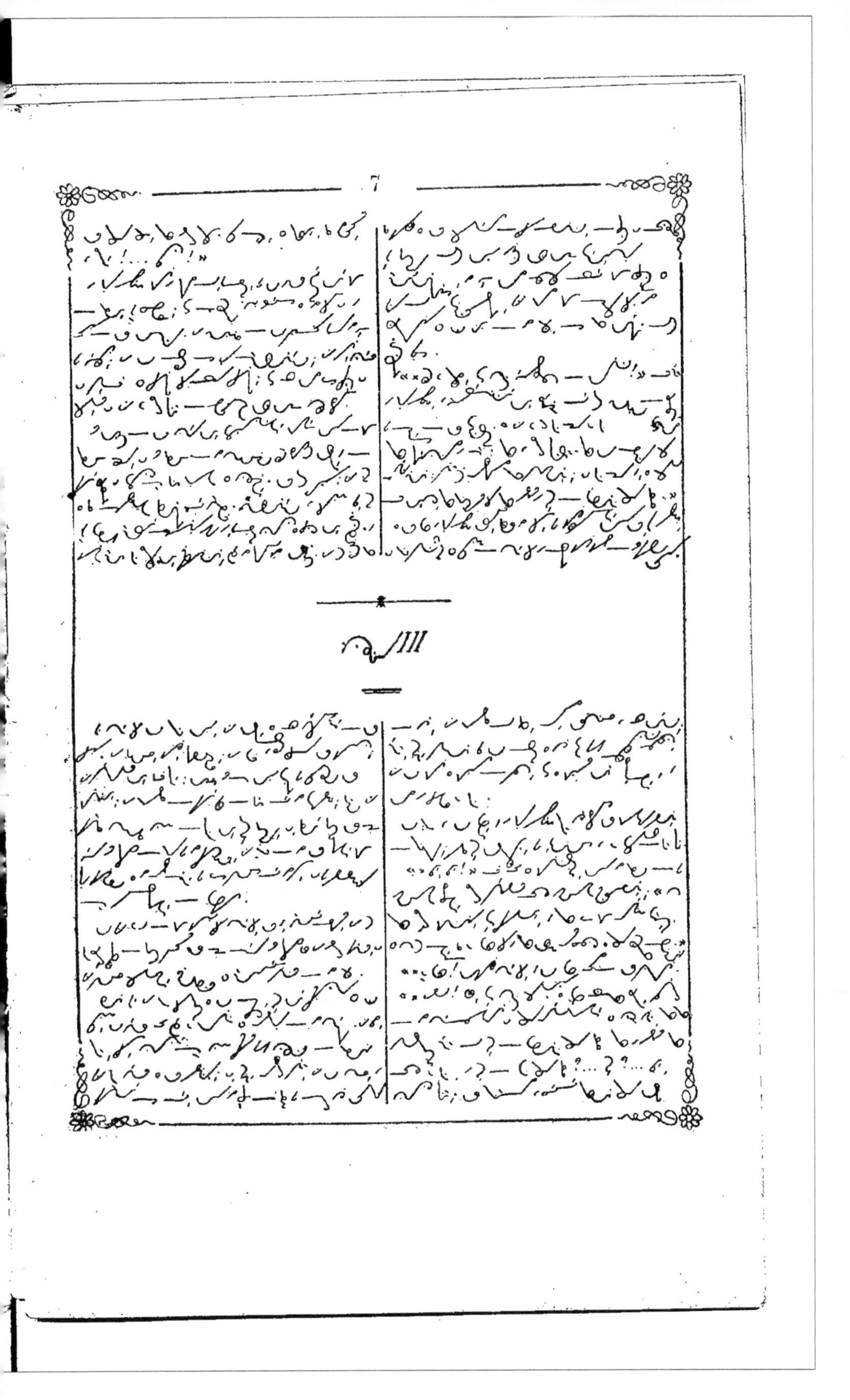

VIII

IV

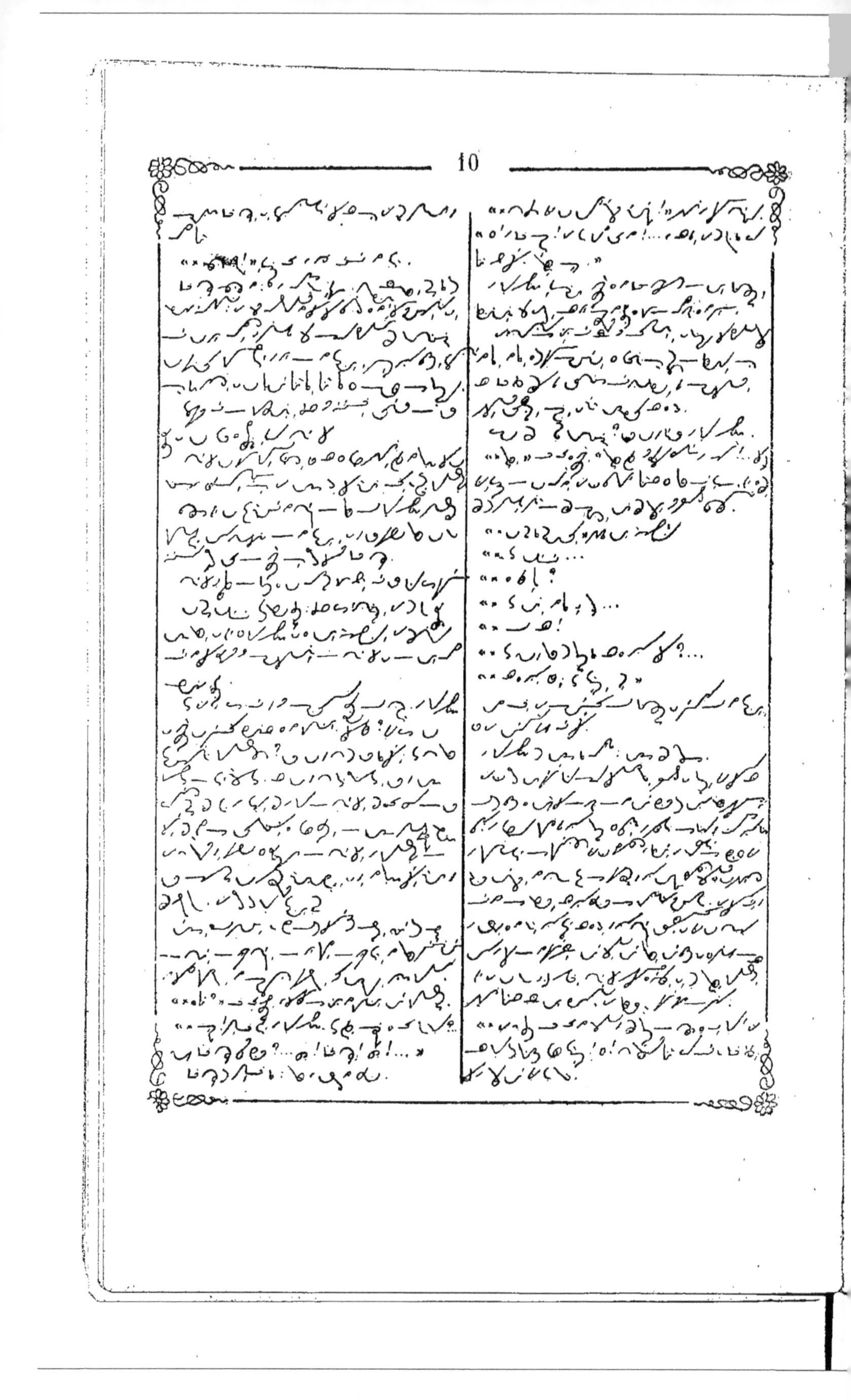

٧

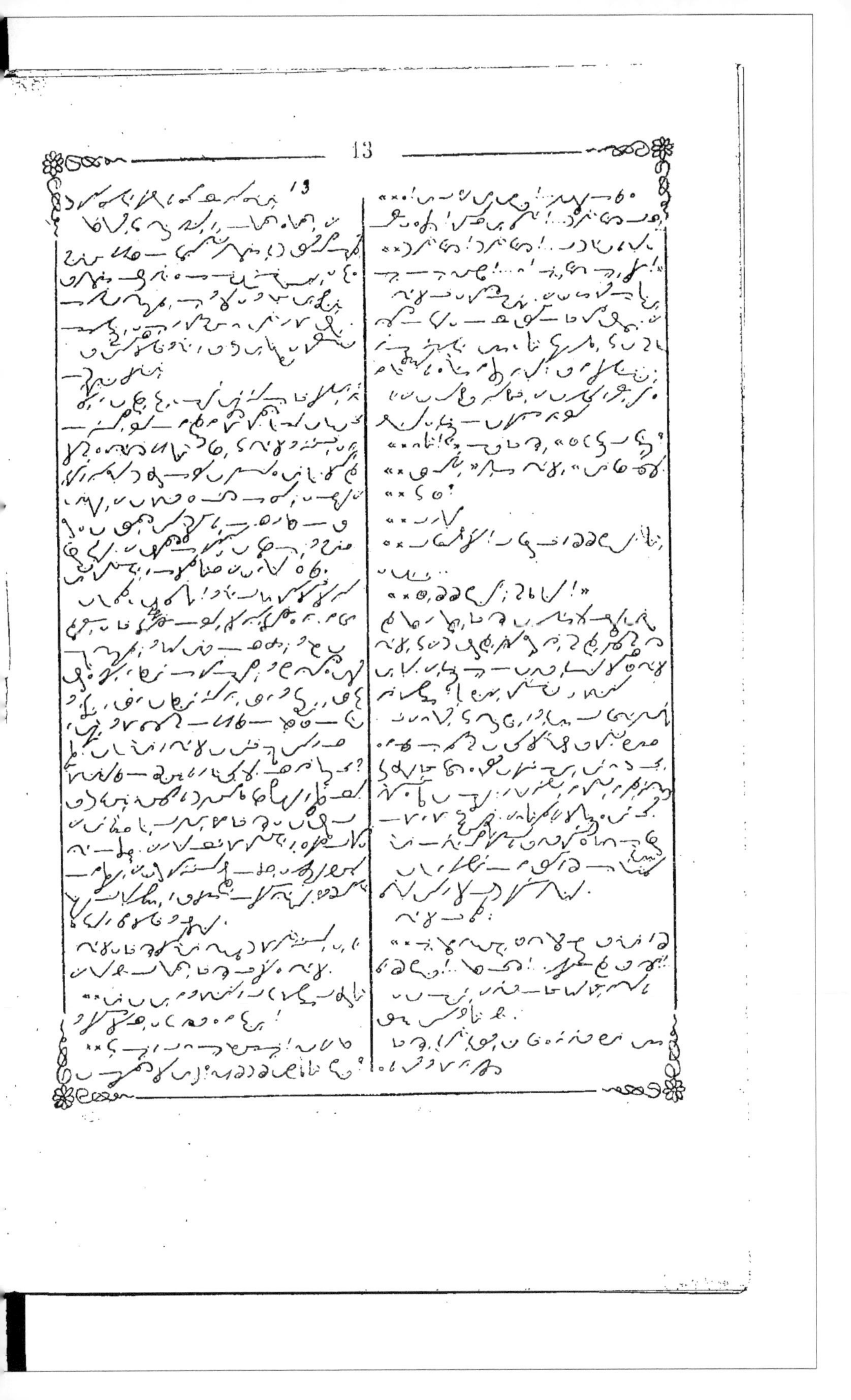

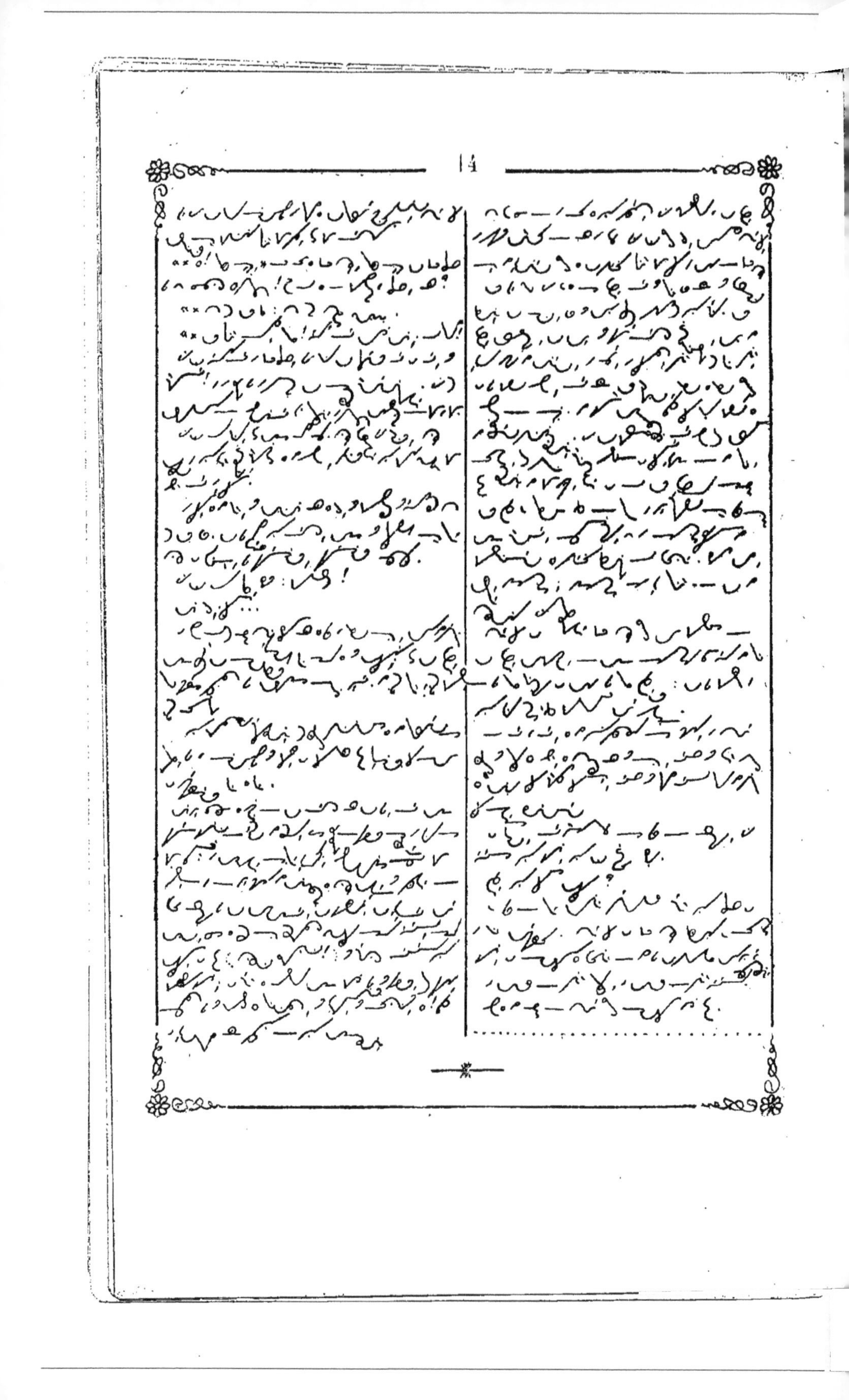

VI

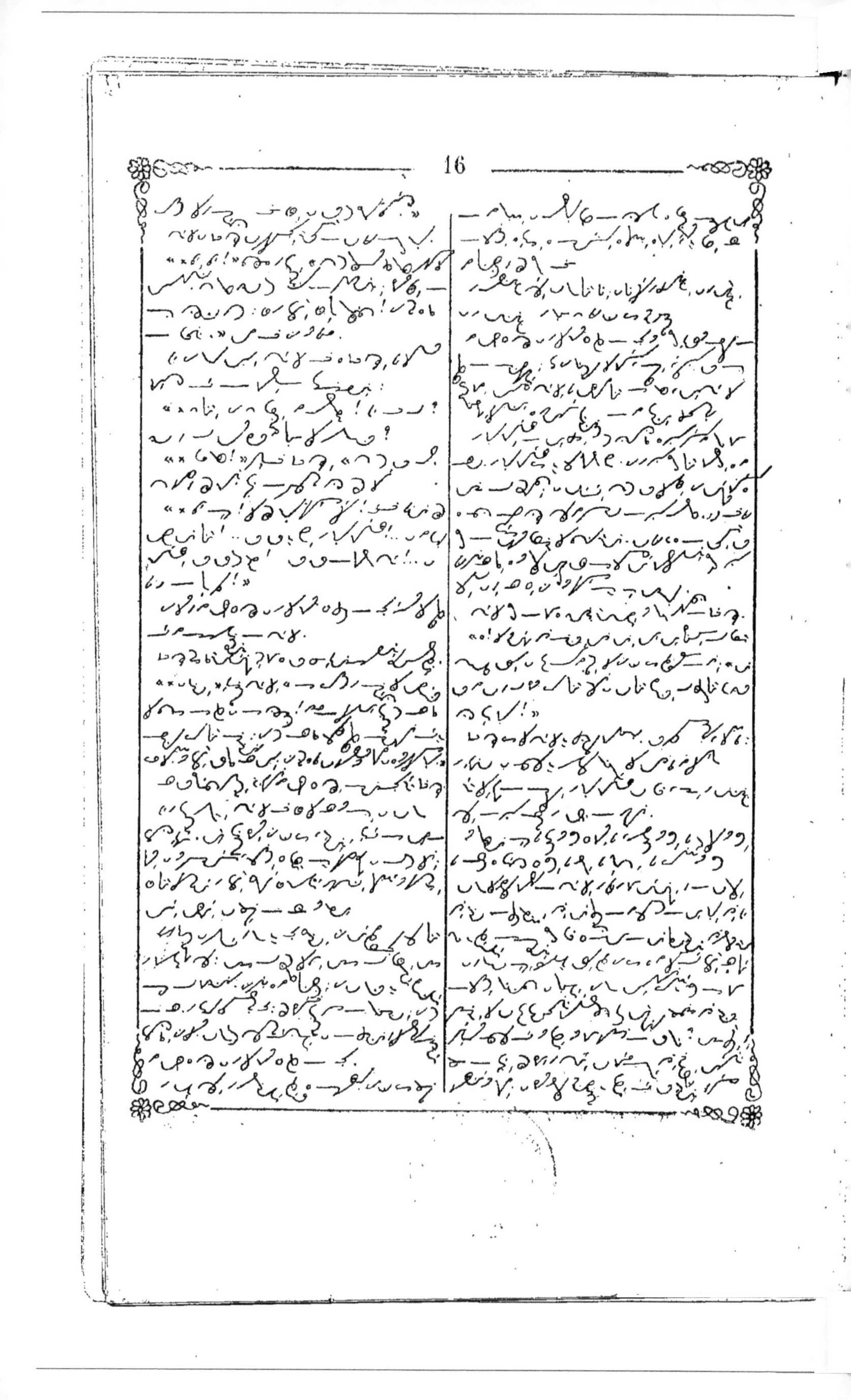

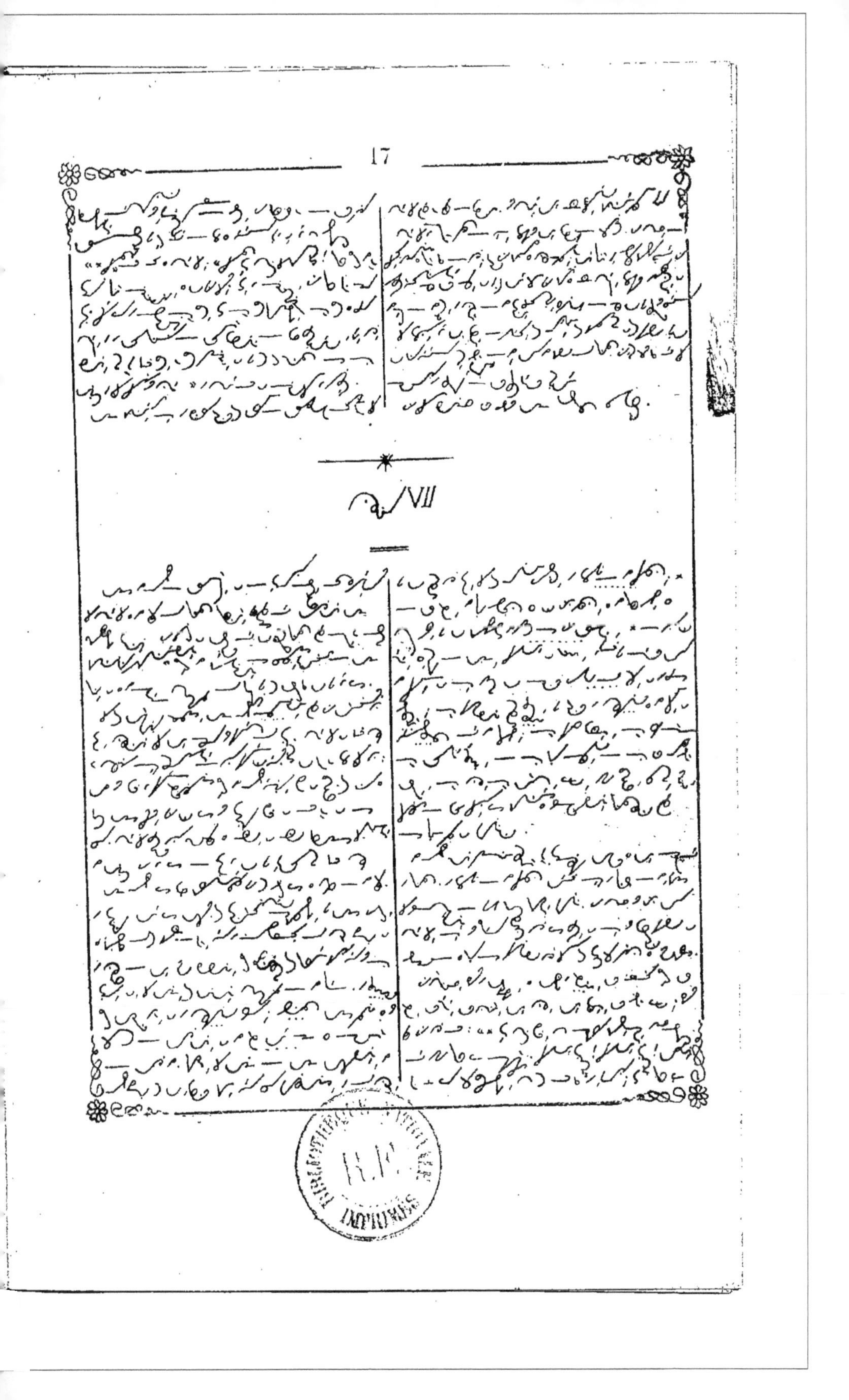

VII

VIII

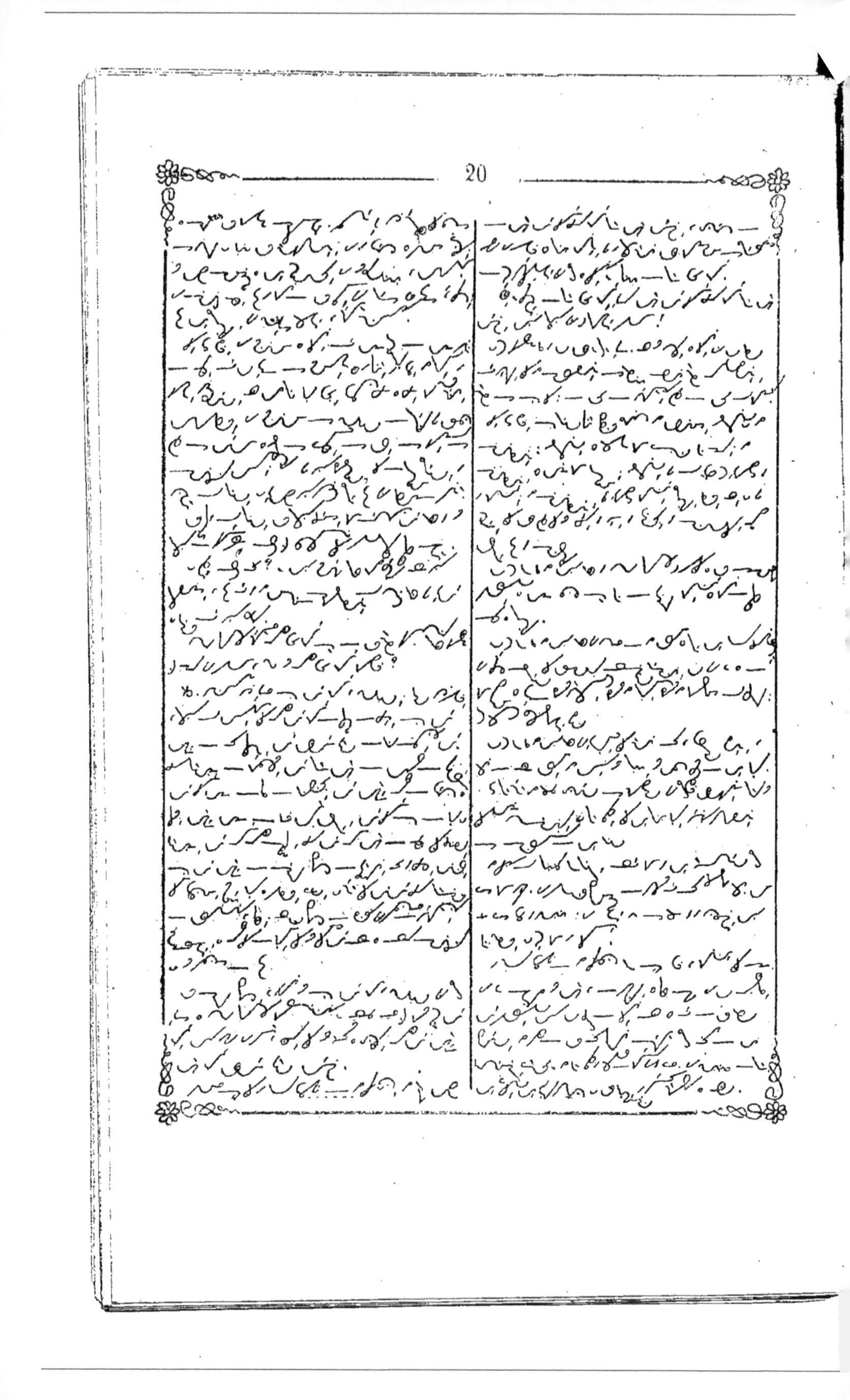

XI

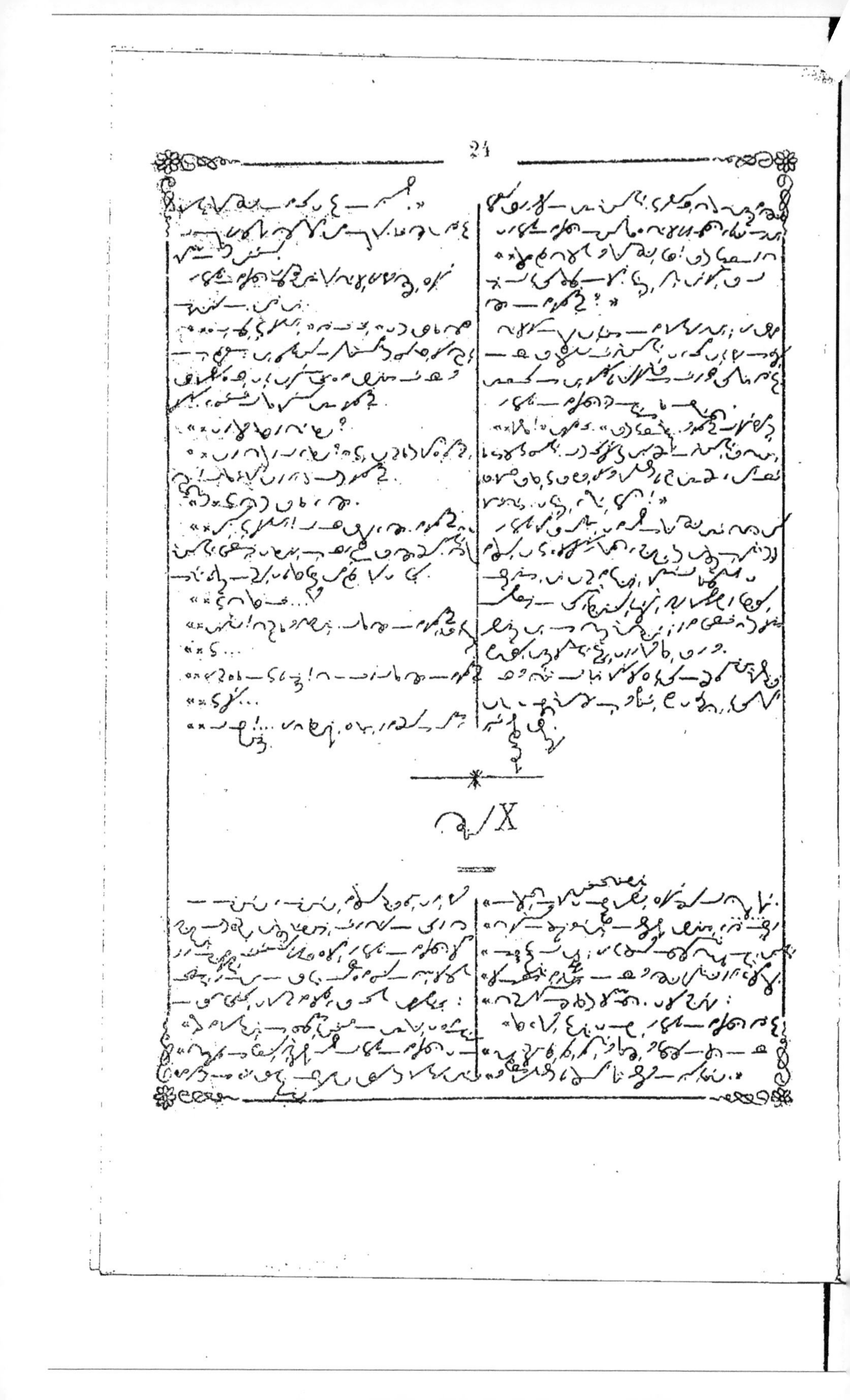

X

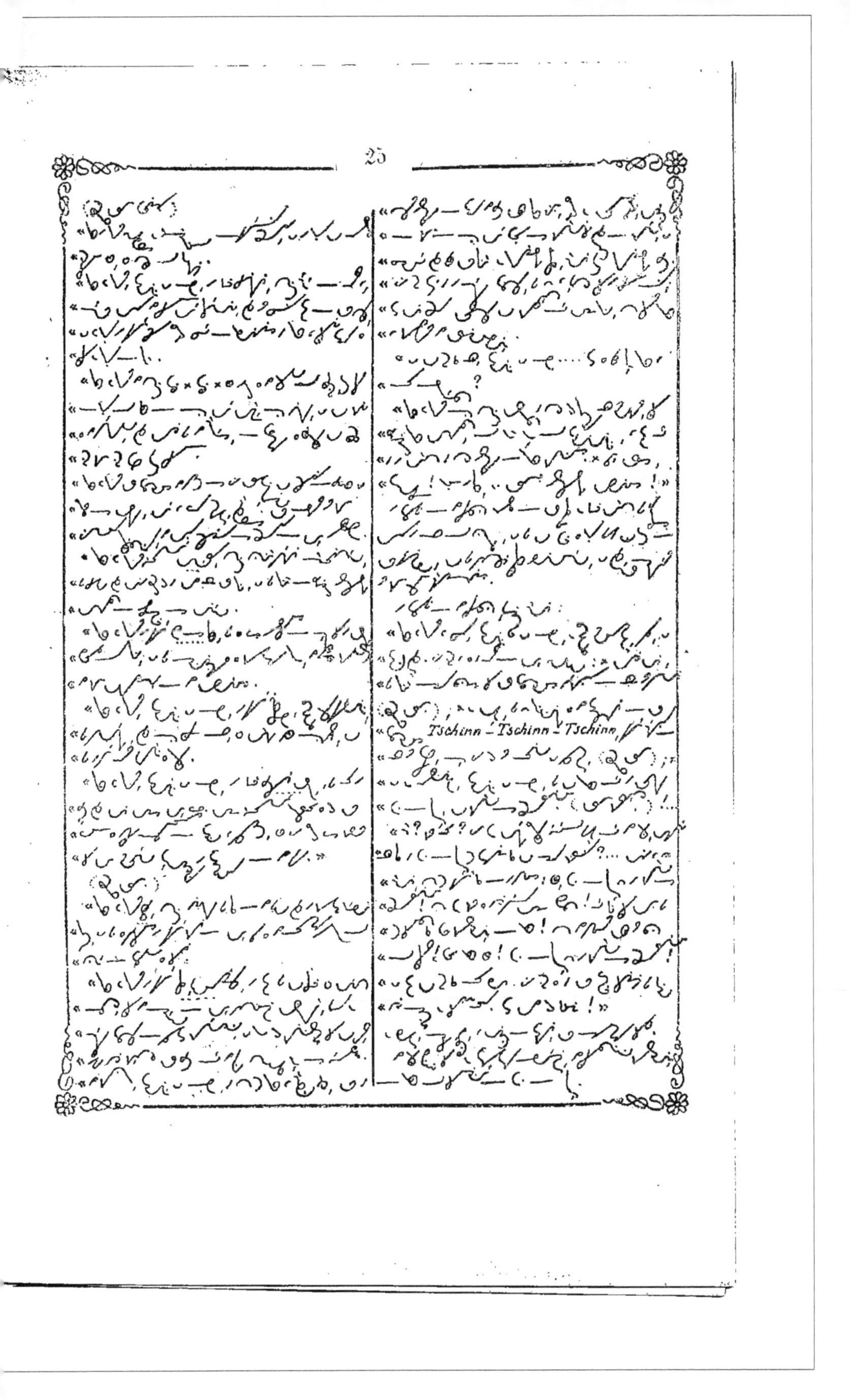

"Tschinn – Tschinn – Tschinn,

*

XI

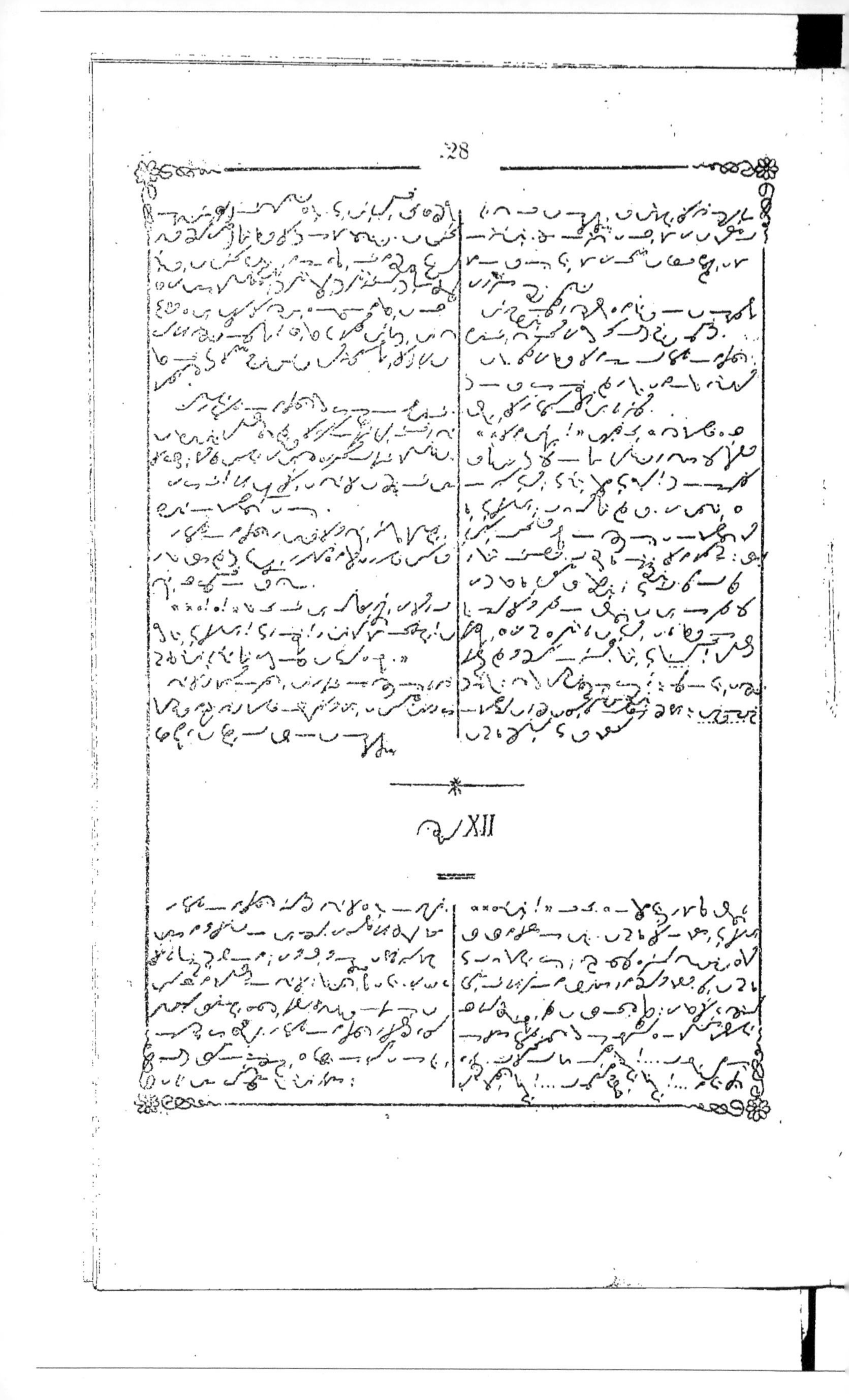

XII

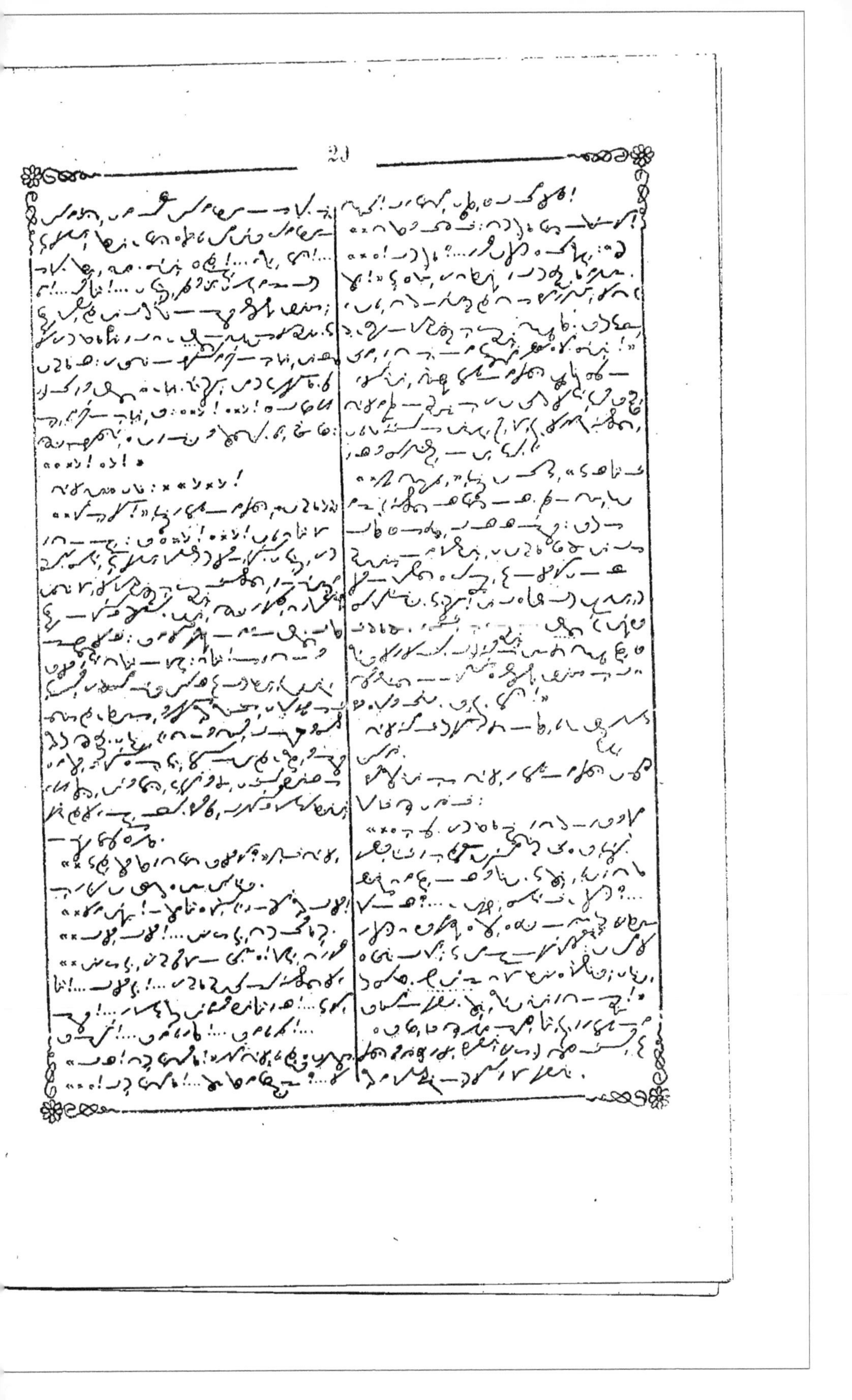

XIII

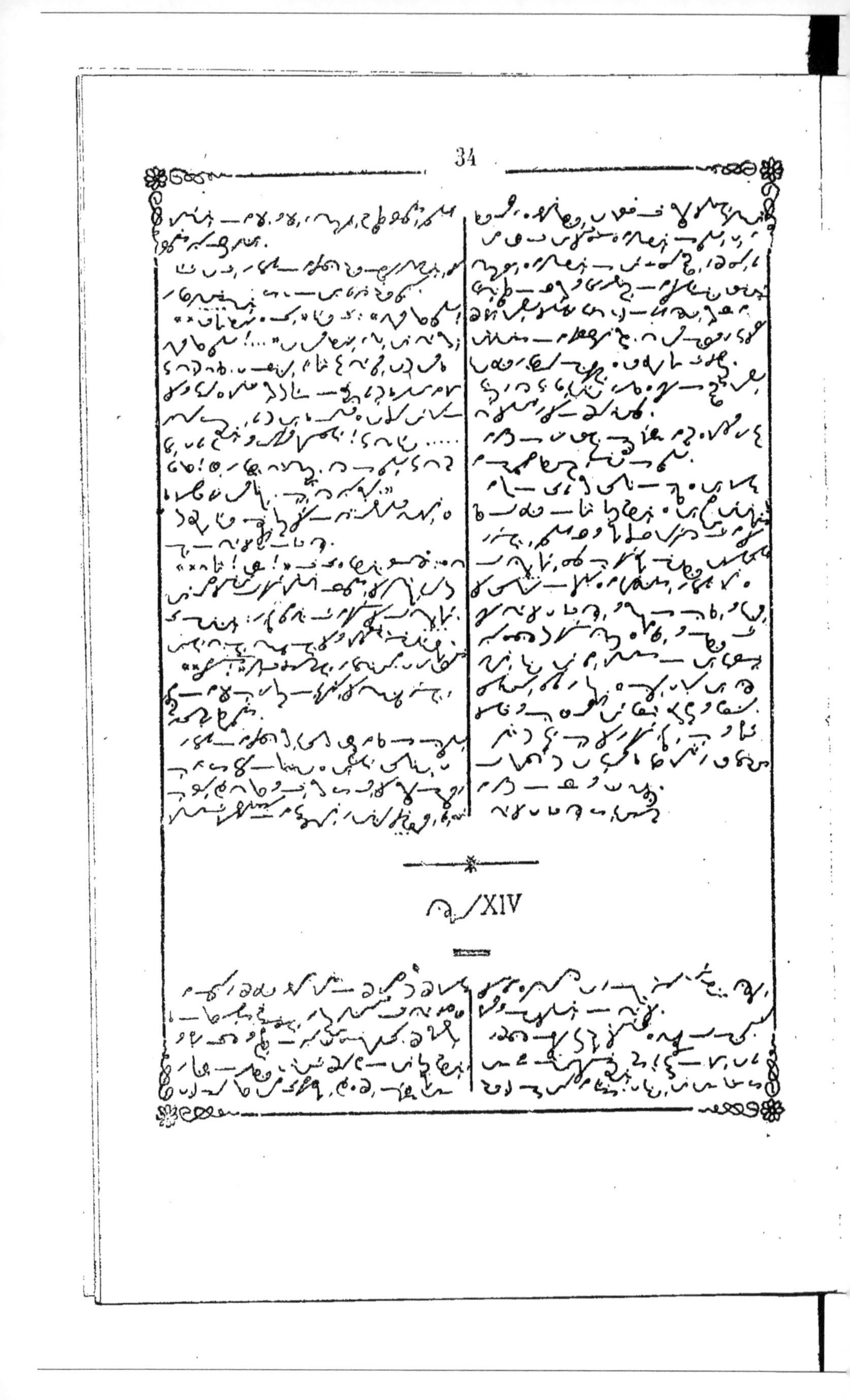

XIV

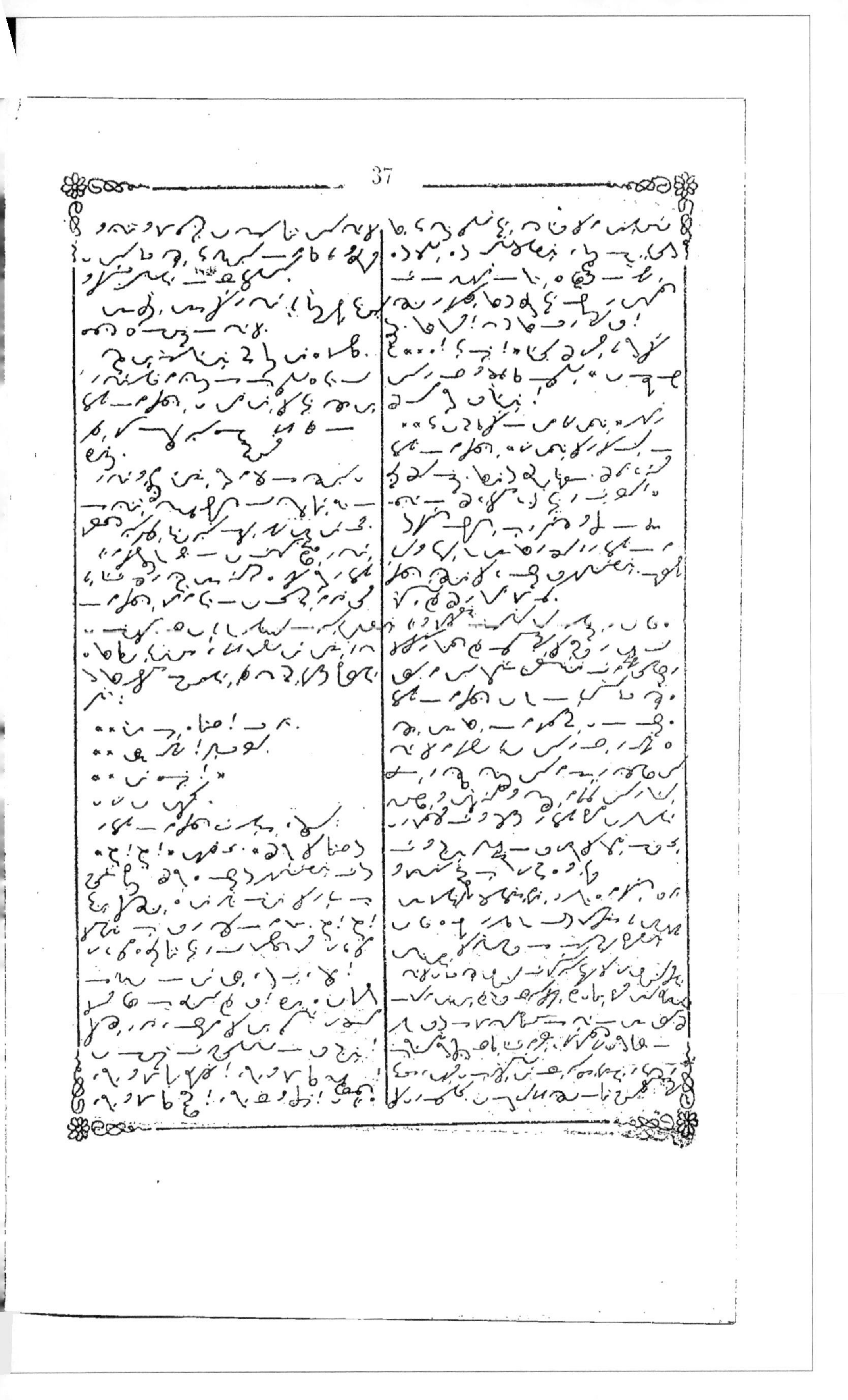

XV

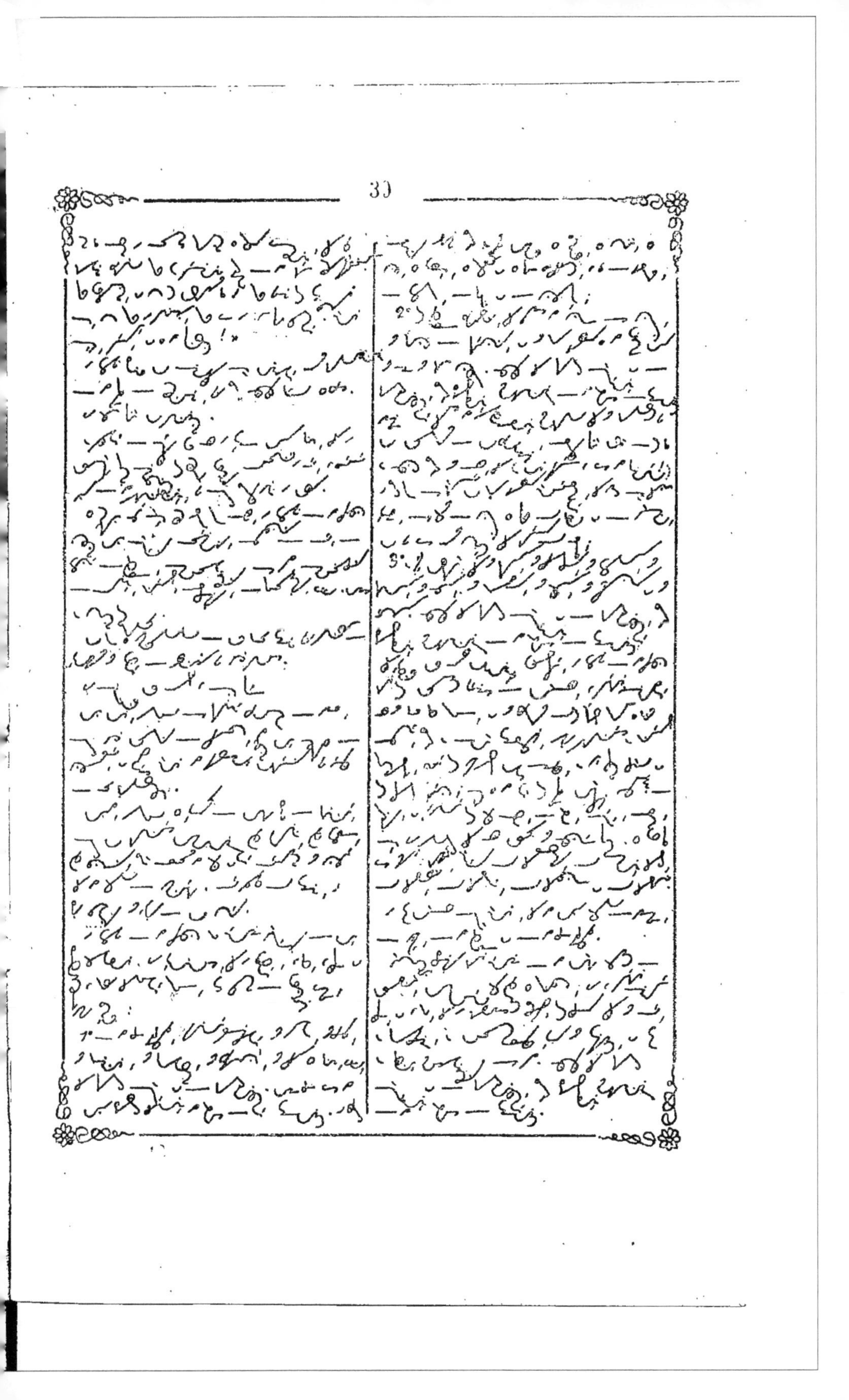

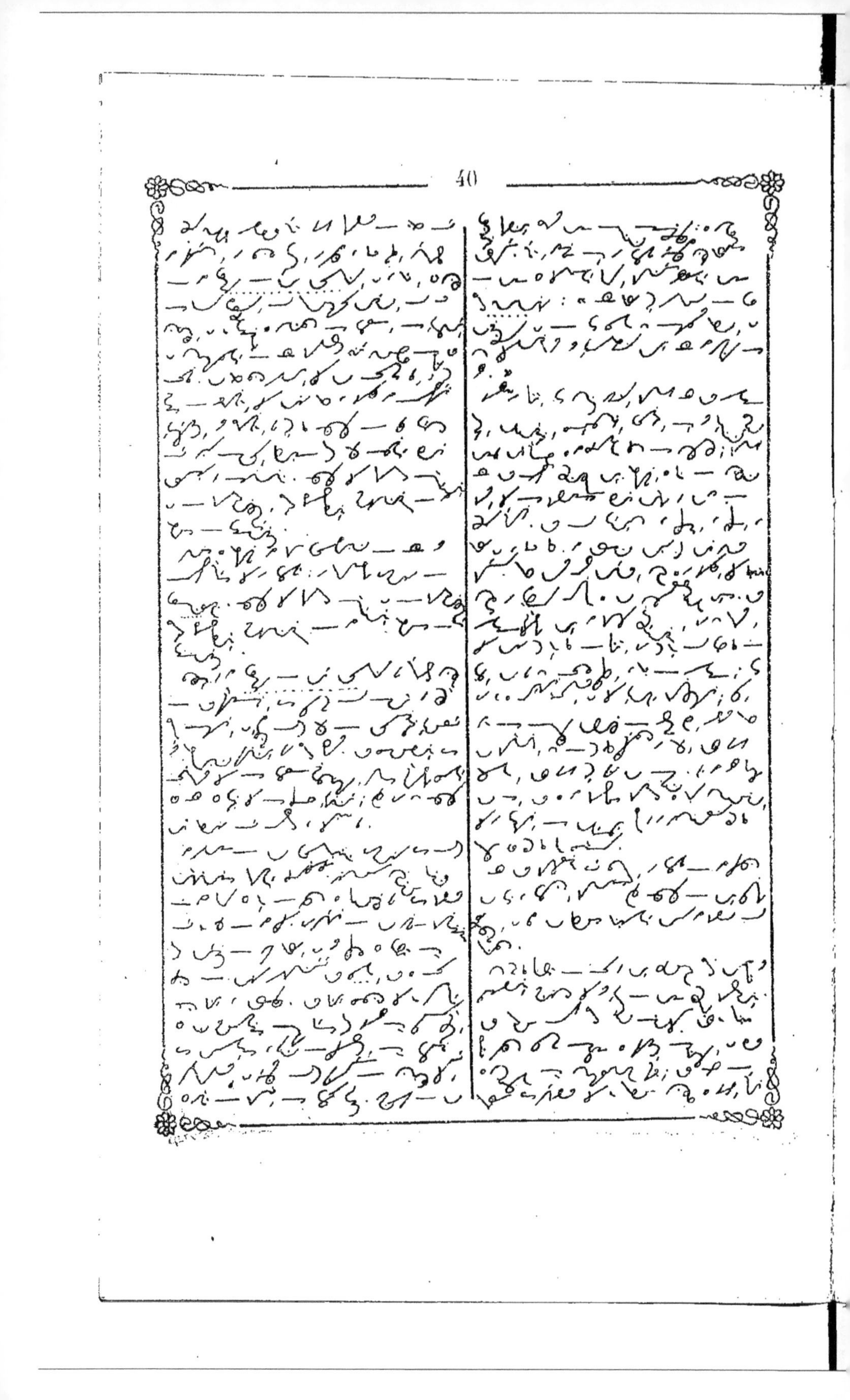

Mossieu

Mossieu

Mossieu

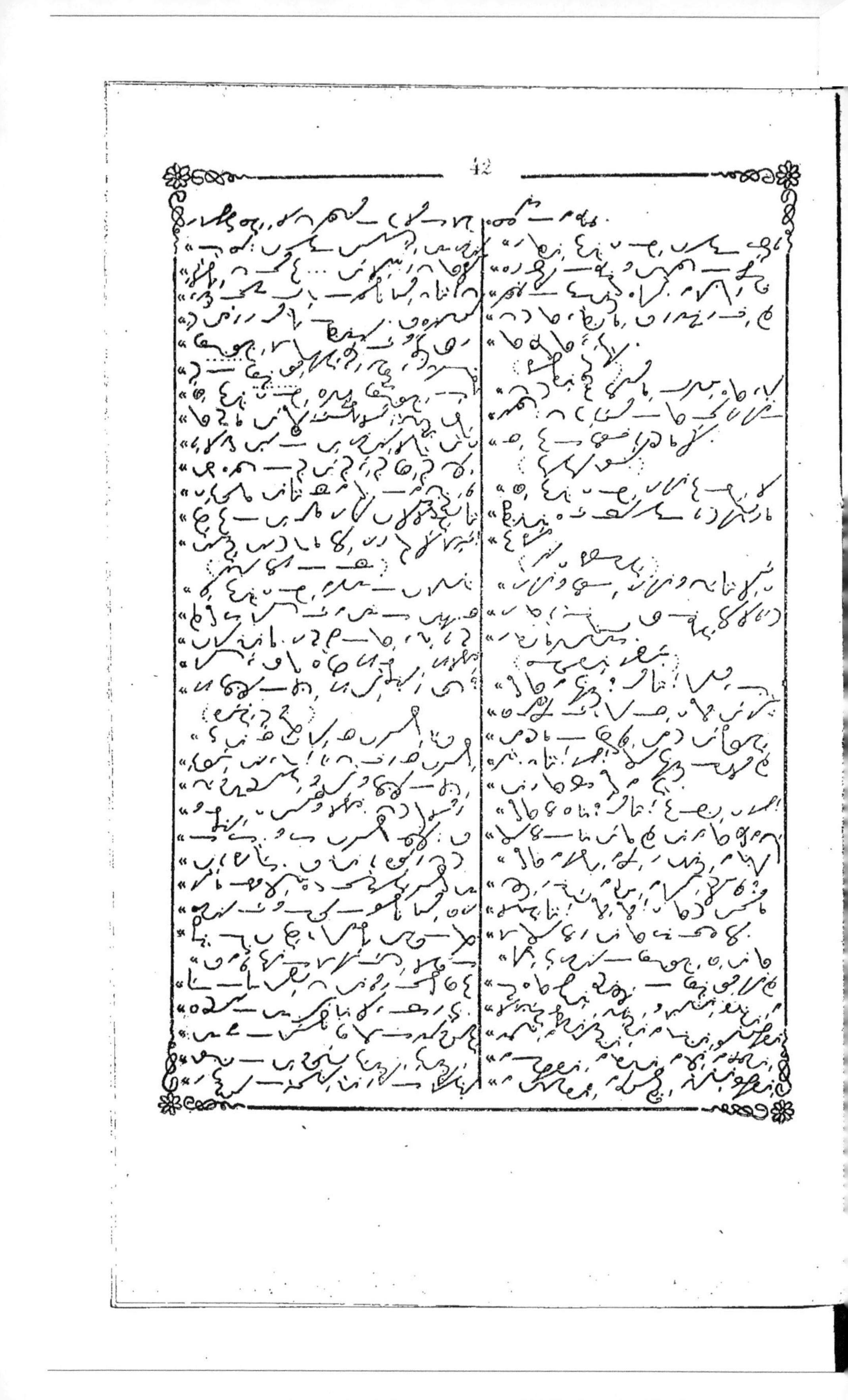

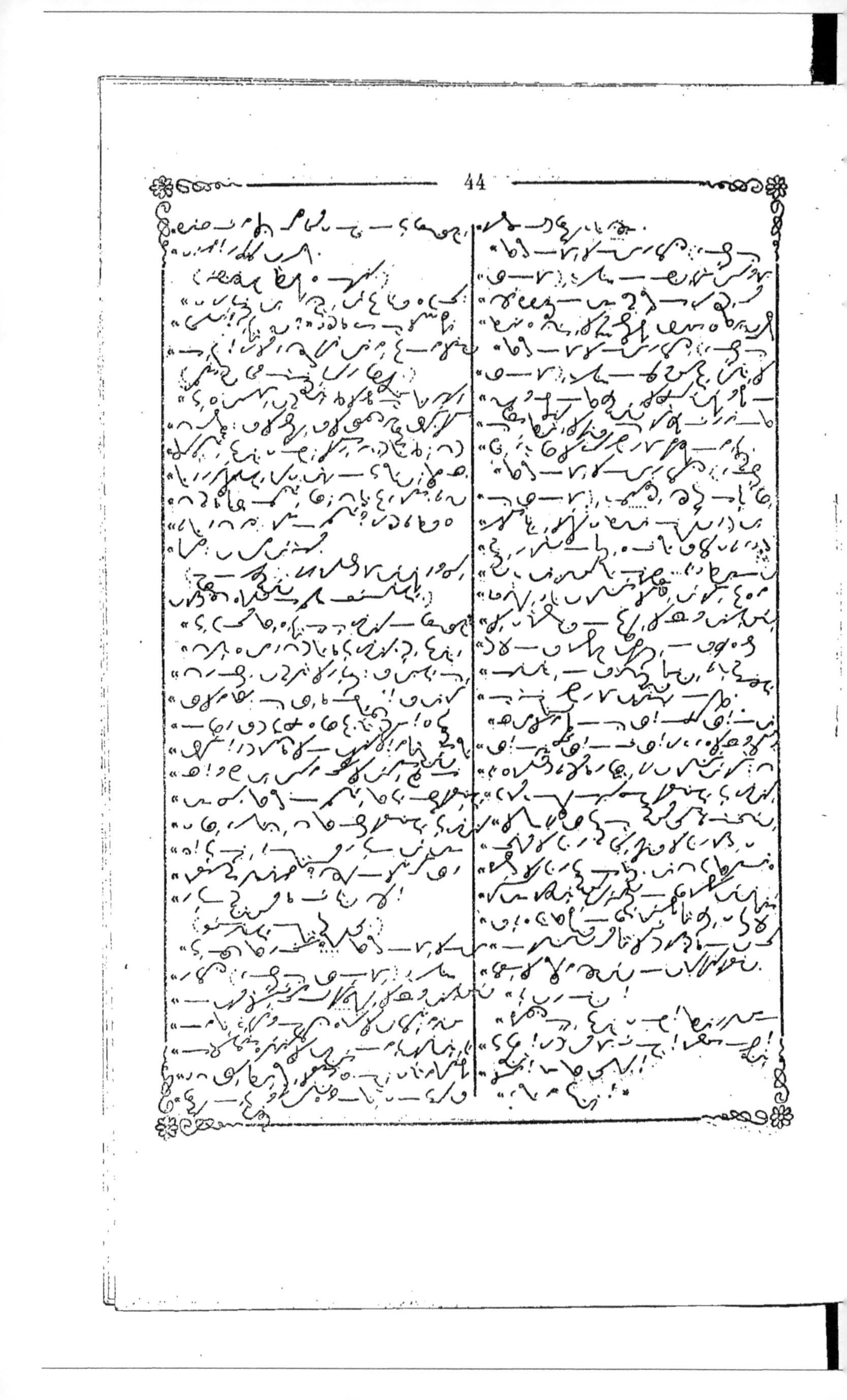

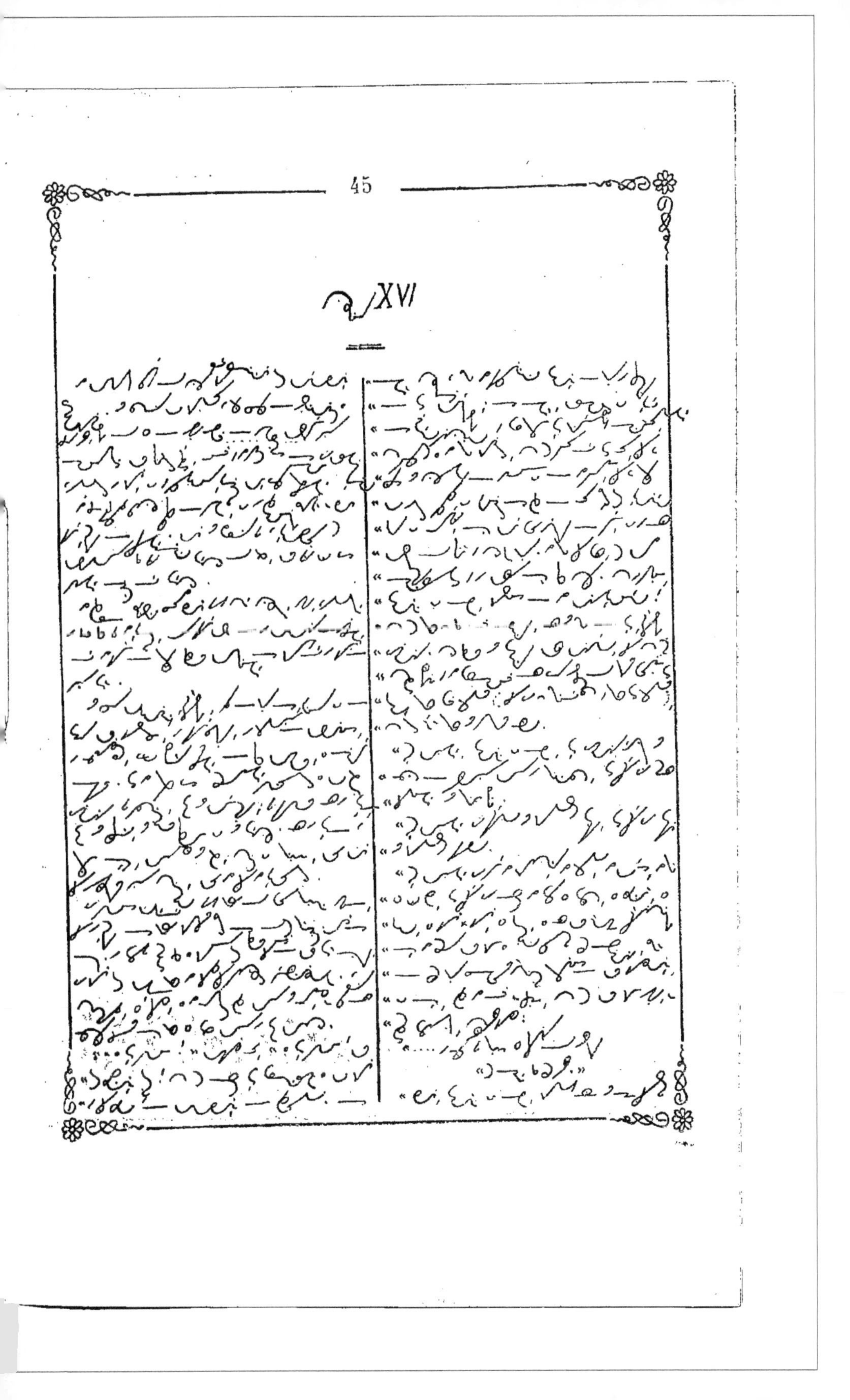

XVI

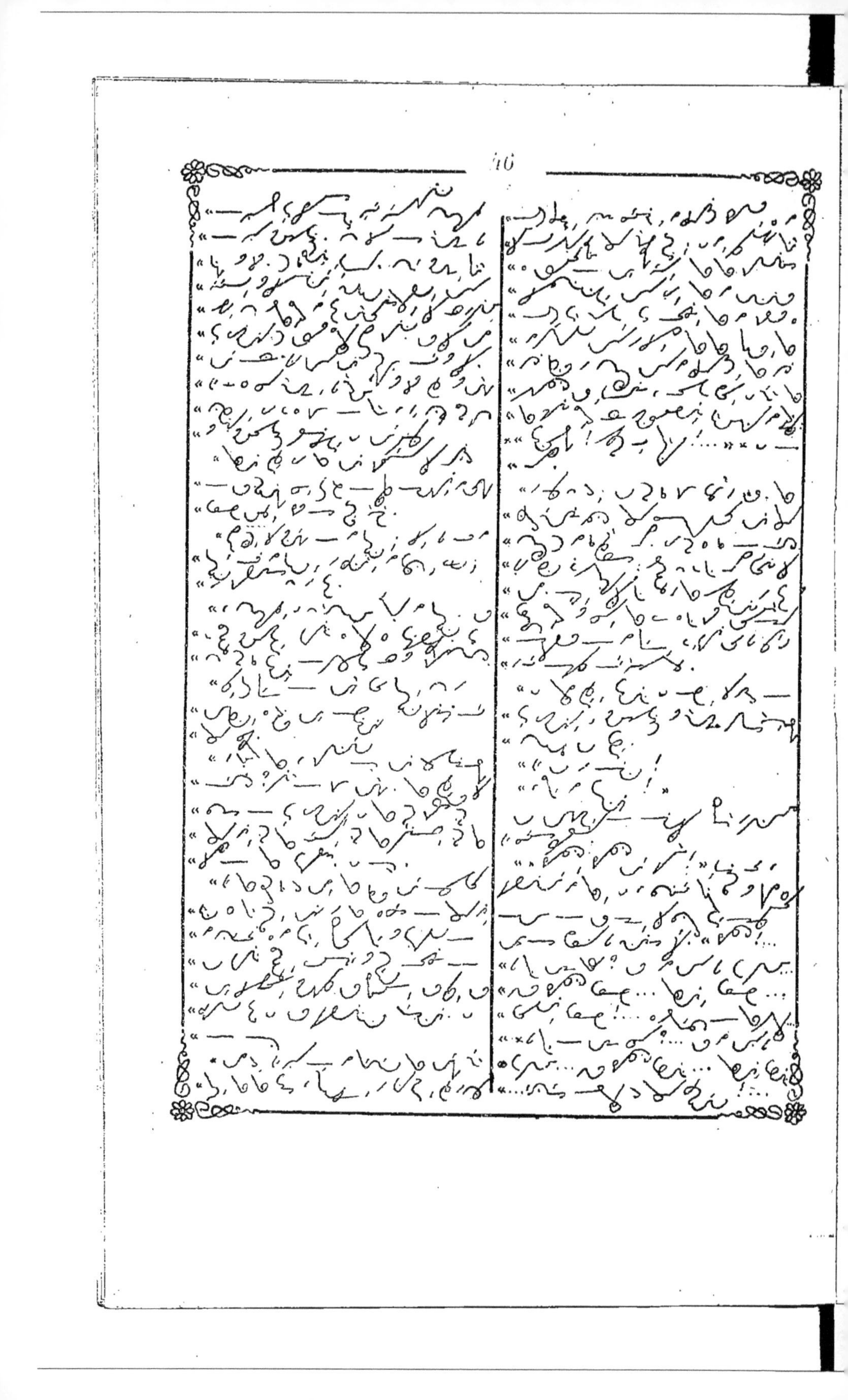

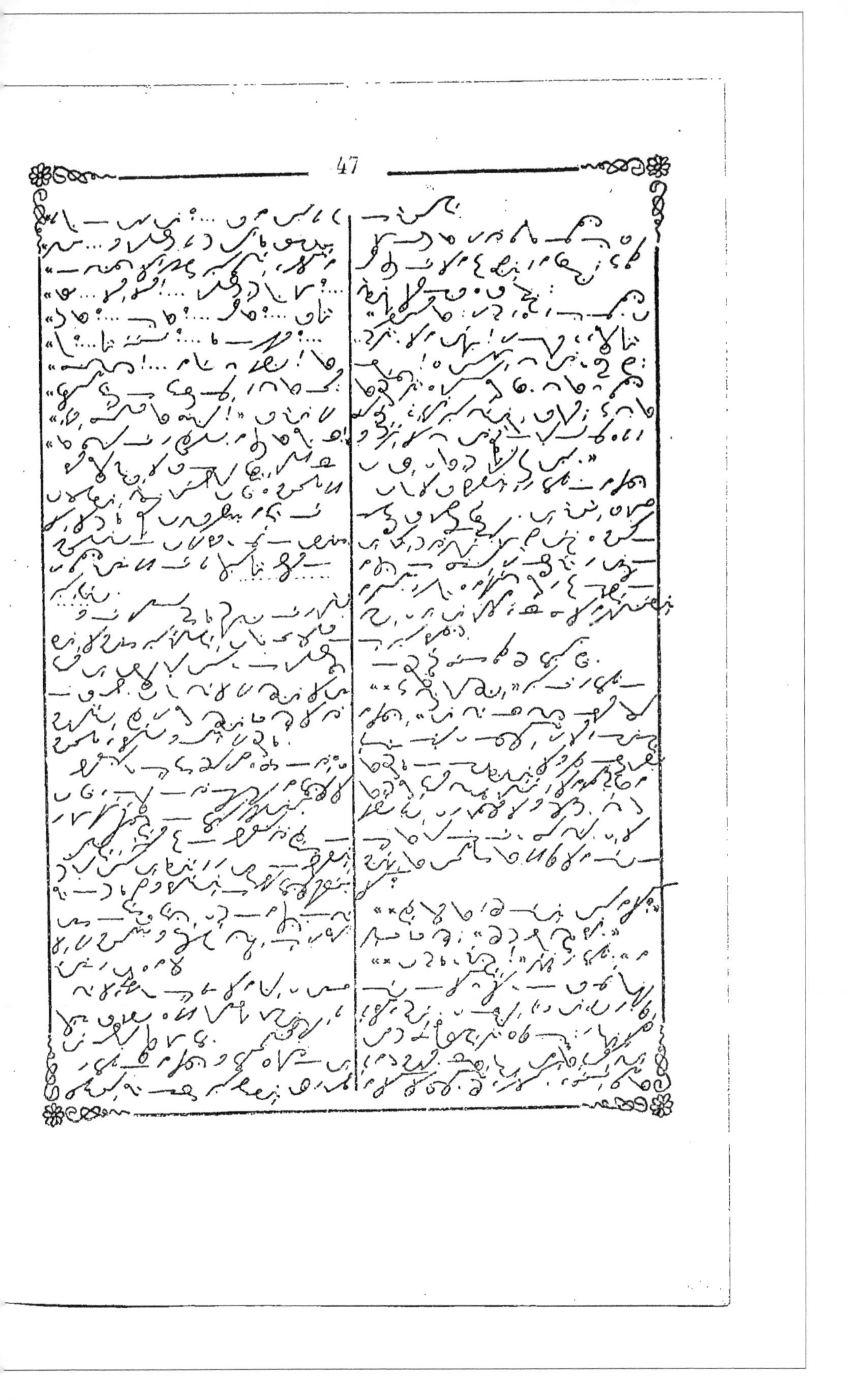

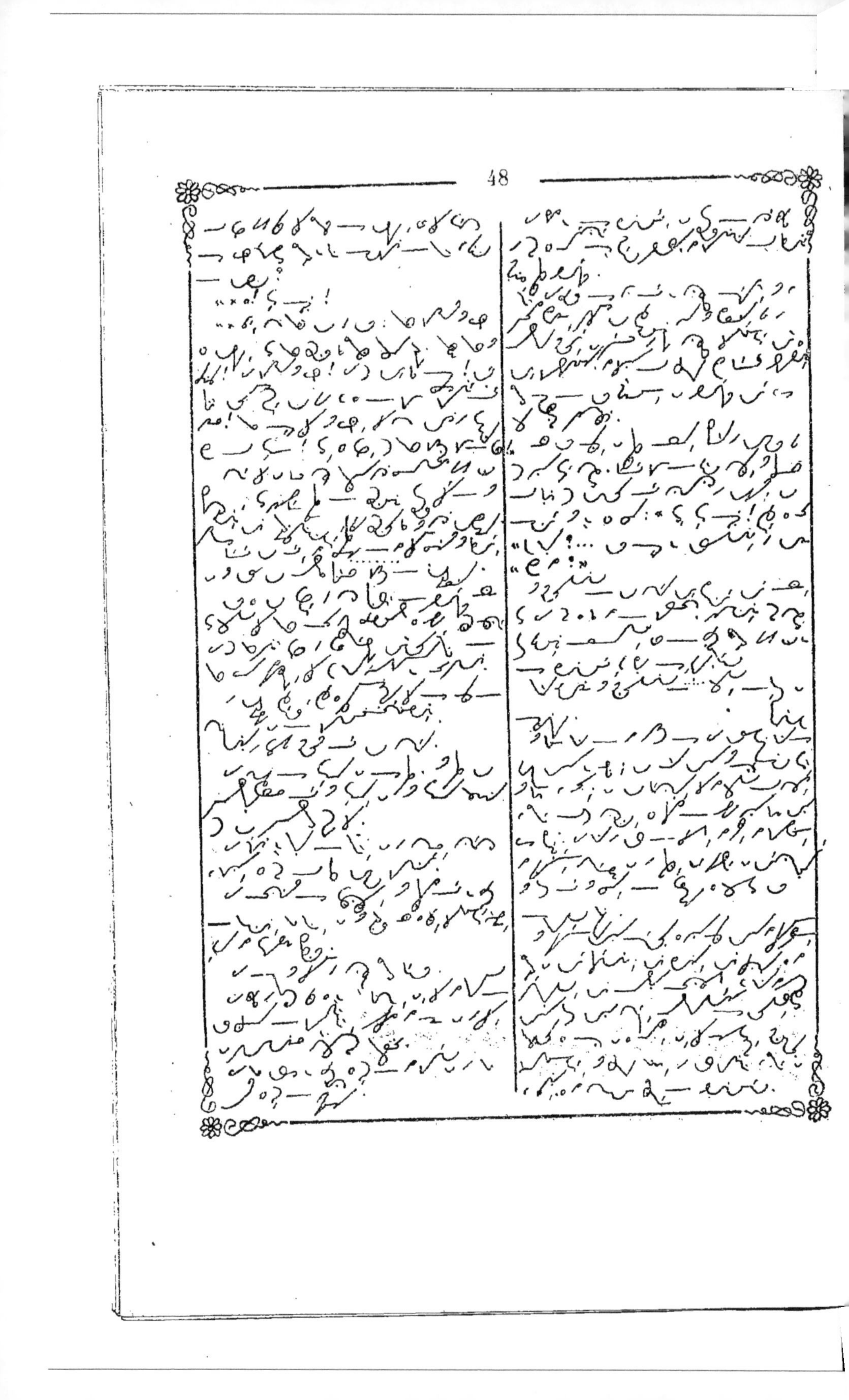

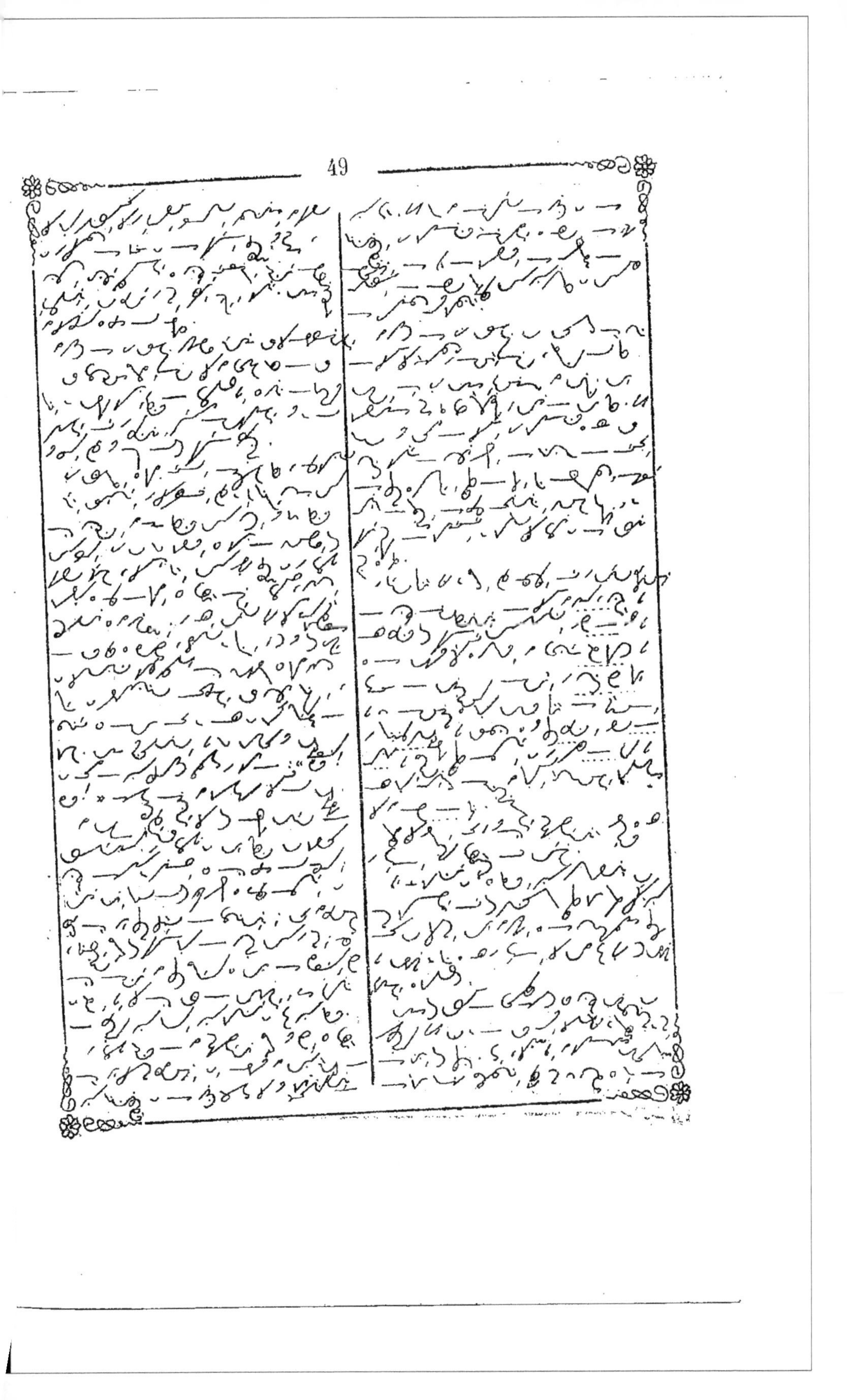

XVII

Mossieu

Mossieu

Mossieu,

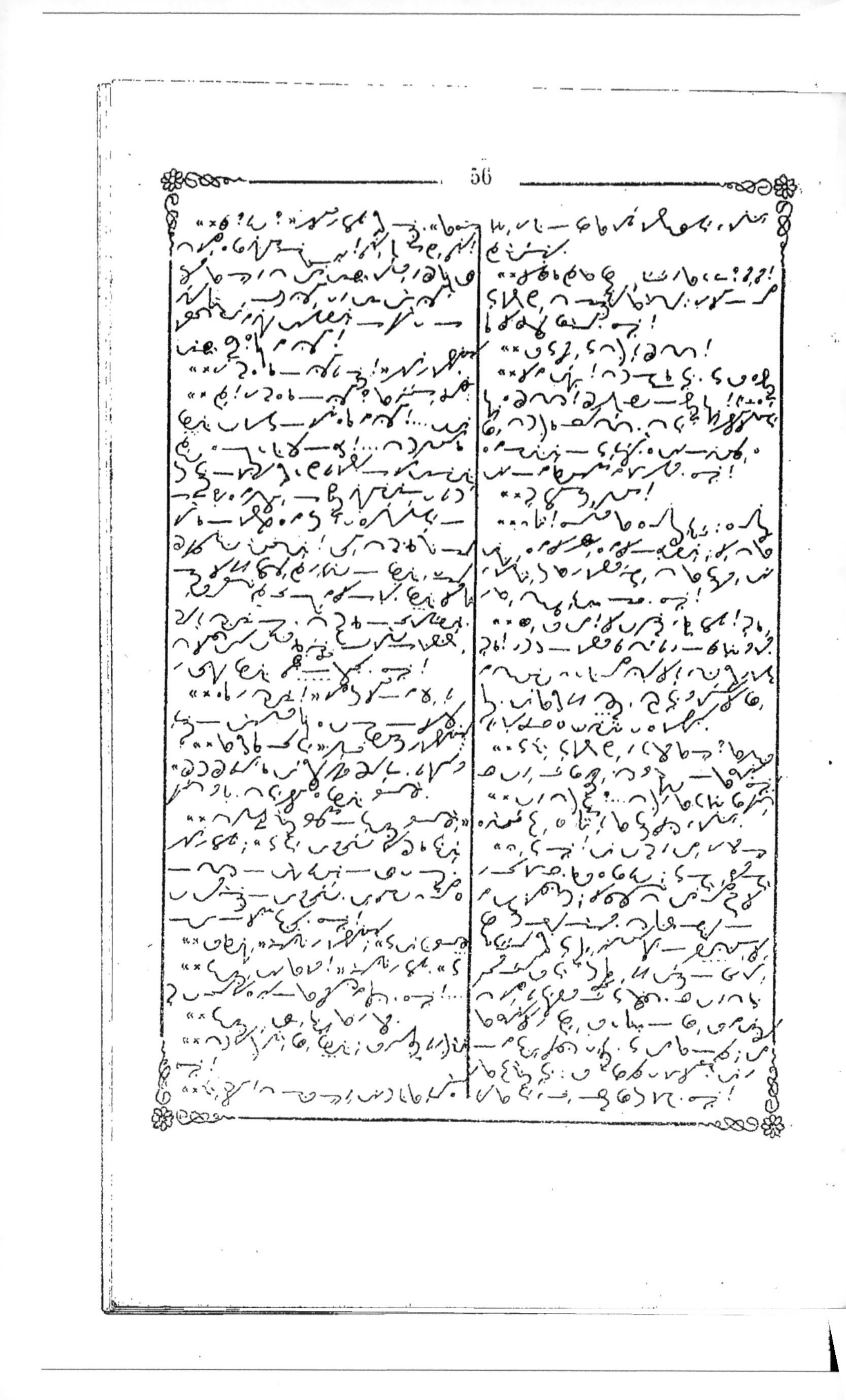

« » Mossieu ! ....

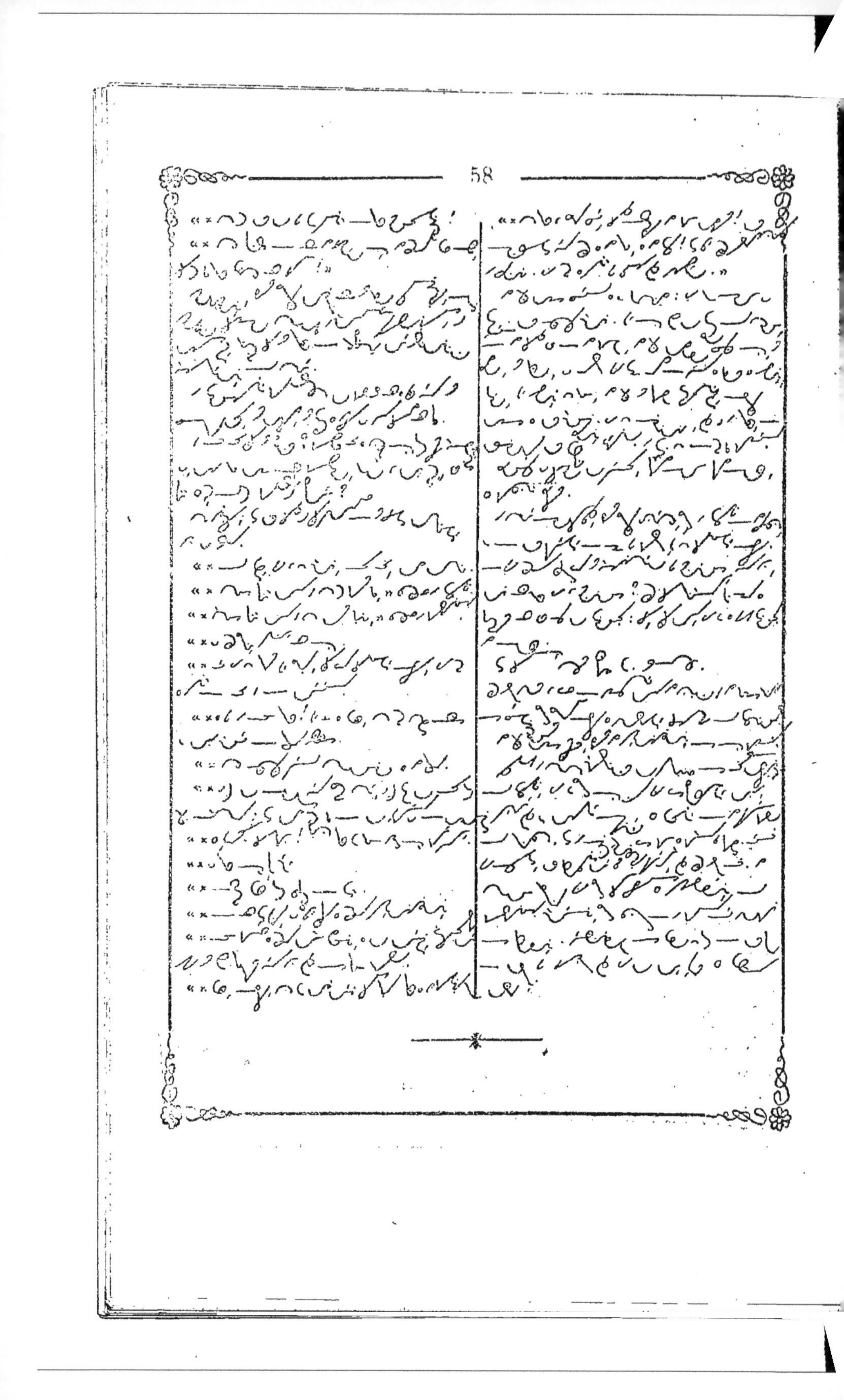

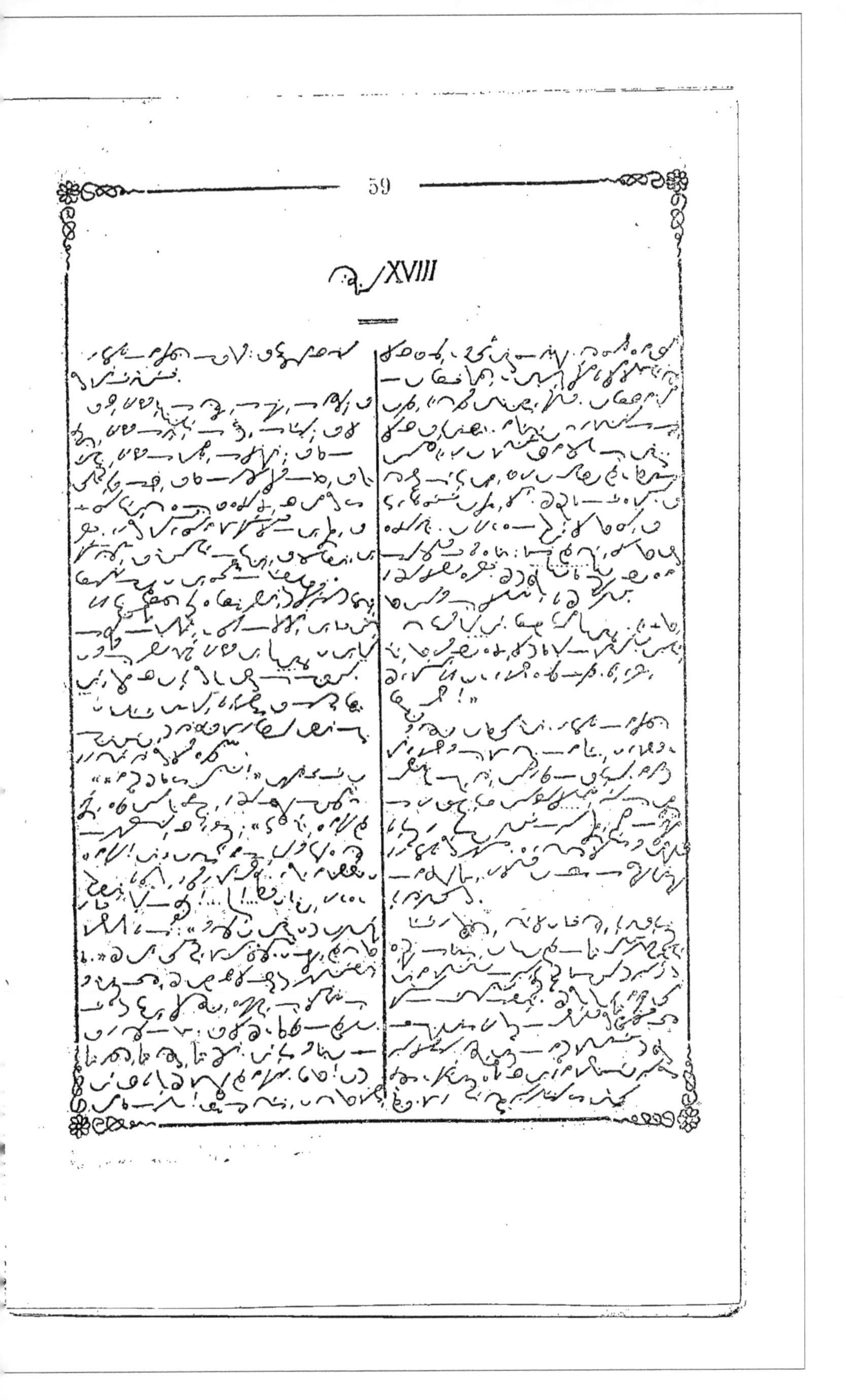

XVIII

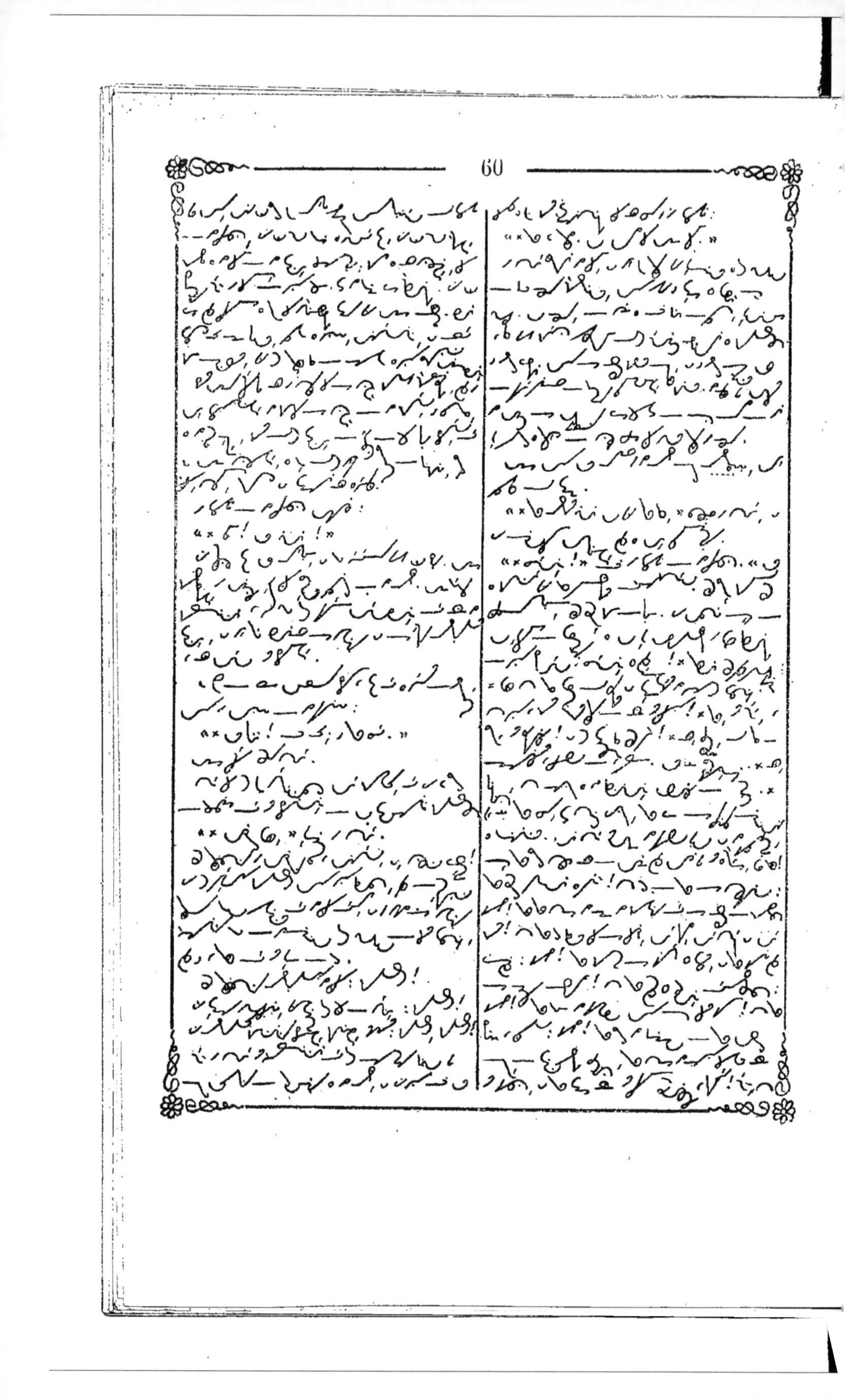

I₀,
X, — Z, — C, — V, — Y,

Gulliver

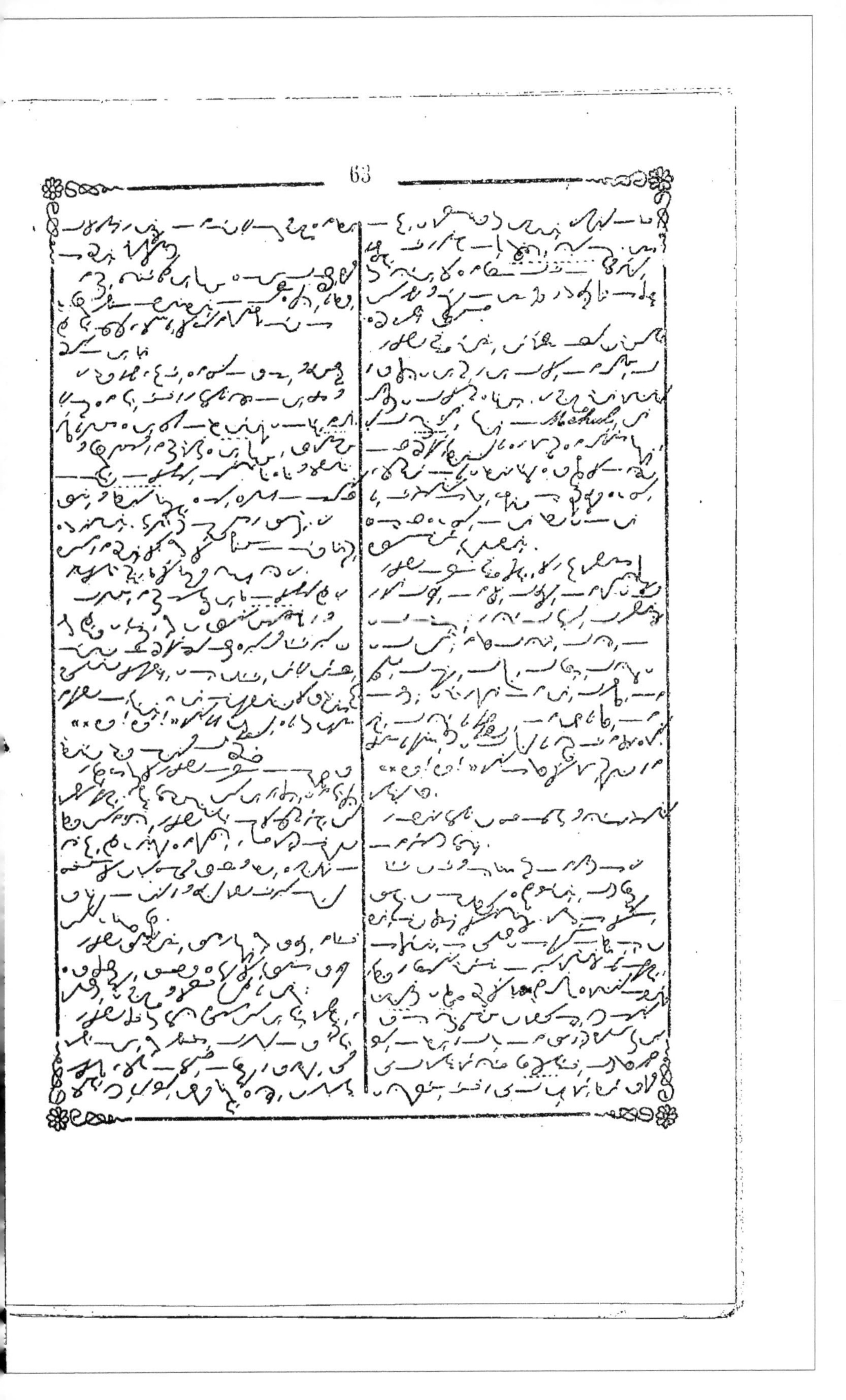

Mehul,

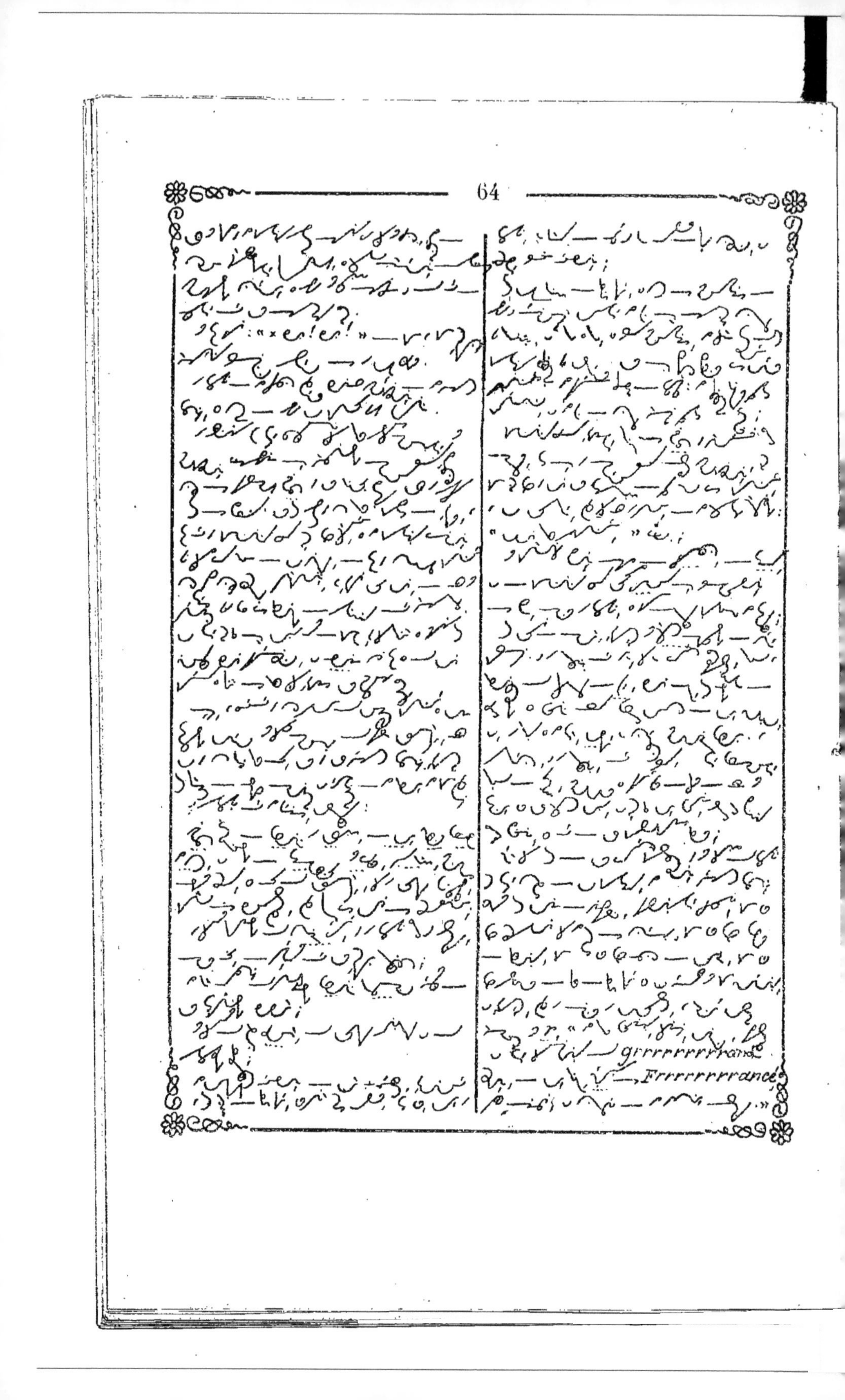

grrrrrrrance

Frrrrrrrance

XIX

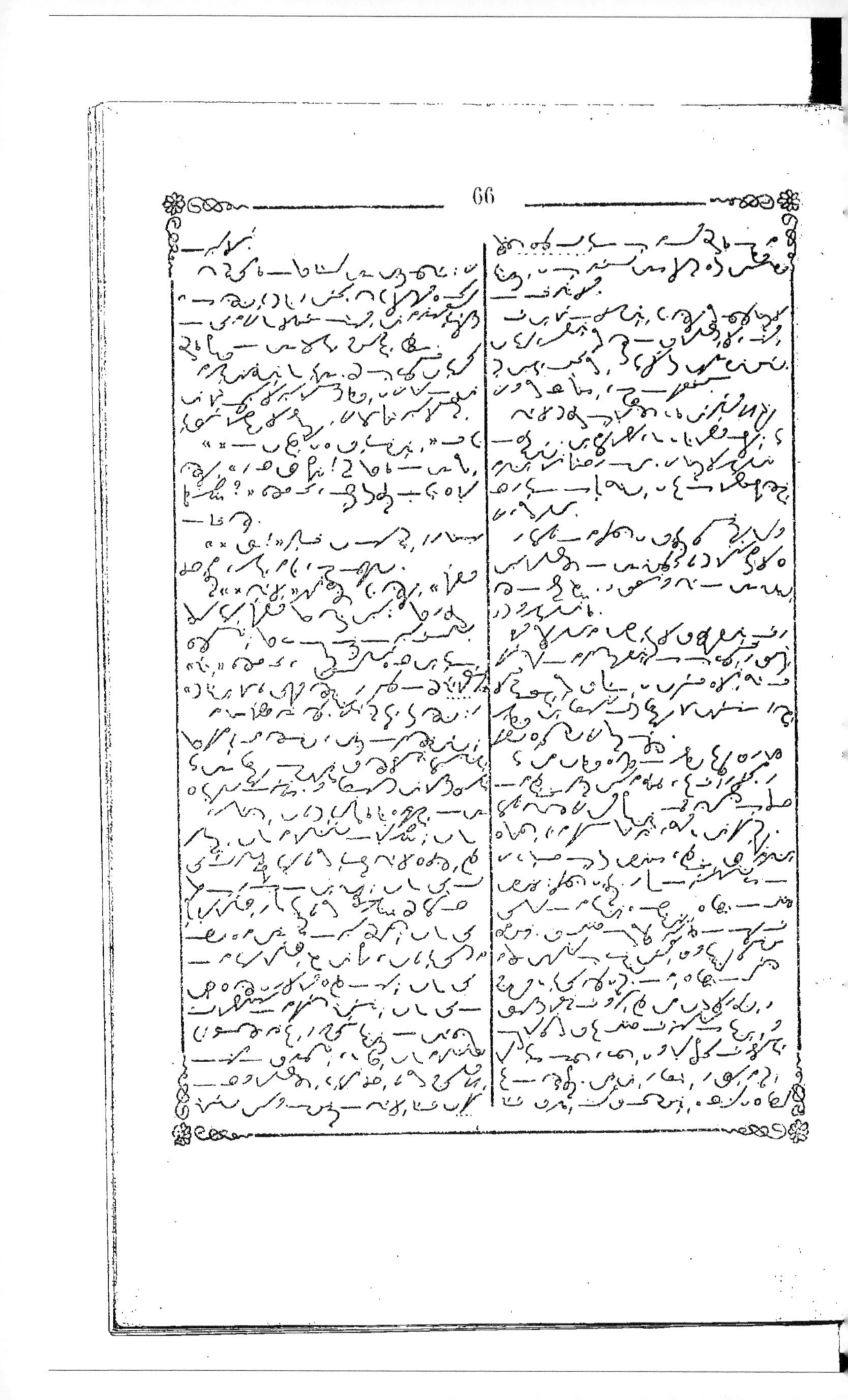

LE STÉNOGRAPHE

JOURNAL STÉNOGRAPHIQUE HEBDOMADAIRE

Moniteur de l'Institut sténographique des Deux-Mondes --- 7ᵉ année

ABONNEMENTS POUR TOUT L'UNIVERS :

Un an, 8 fr.; --- Six mois, 4 fr. 50; --- Trois mois, 2 fr. 50.

LA DICTÉE

Recueil de Dictées scolaires remplaçant les Dictées orales et les Livres d'Exercices

(8 pages in-16 pour chaque semaine.) --- 4ᵉ année.

Un an, 3 fr. — Cinq abonnements et au-dessus à la même adresse,
1 fr. 80 seulement l'abonnement, soit 15 cent. par mois!!!

BIBLIOTHÈQUE STÉNOGRAPHIQUE

OUVRAGES EN STÉNOGRAPHIE

OUVRAGES A PRIX DIVERS

LA SAINTE BIBLE, 2 vol. 6,000 fr.

LE NOUVEAU TESTAMENT DE N.-S. J.-C., 2 vol. in-12, 1124 p. 6 fr.

L'AMI DU JEUNE ÉTUDIANT EN VACANCES, in-12, 336 pages, 2 fr.

IMITATION DE N.-S. J.-C., in-32, brochée, 2 fr. 50

Rel. pl., chagr. tr. dor. 5 fr. »

LE STÉNOGRAPHE, collection des *six* premières années, 120 fr.

FABLES DE LAFONTAINE. 2 fr.

MANUEL DE CUISINE, in-12 4 fr.

TÉLÉMAQUE, 1 vol. in-12, 3 fr.

MORCEAUX CHOISIS DE LITTÉRATURE, 1 vol, in-16, 2 fr. 50

TRAITÉ DES ABRÉVIATIONS que comporte la Sténographie 3 fr.

OUVRAGES A 1 FR. 50 L'EXEMPLAIRE

ATHALIE, par J. Racine, 1 v. in-12.

CARNET D'UN AUMONIER DE L'ARMÉE DE PARIS, siége de 1870-71.

MANUEL DU CHRÉTIEN, in-32, rel. pleine, mouton mar., tr. dorée.

LE JEU DES ECHECS, par H. Dallier

OUVRAGES A 60 CENT. L'EX.

MANUEL DU CHRÉTIEN, 2ᵉ édition.

BOILEAU. Art poétique, in-12, 64 p. — Le Lutrin, in-12, 70 pages.

MÉTHODE D'EMPREINTE pour l'étude des plantes, av. empreintes.

JEAN-PAUL CHOPPART, in-12.

LES PLAIDEURS, par Racine.

OUVRAGES A 25 C. L'EX.

MESSE, VÊPRES ET COMPLIES.

L'ANALYSE SPECTRALE, in-12.

CAUSERIES SCIENTIFIQUES, in-12.

GERBE POÉTIQUE. Liv. I. — Liv. II.

FABLES DE LAFONTAINE, in-12. Un des 12 livres au choix.

VERT-VERT, par Gresset, 3ᵉ édit.

UNE SÉANCE DE L'ACADÉMIE DES SINGES, frontisp. et gr. 2ᵉ édit.

PETITE FLEUR DES NEIGES, in-12.

LA LAMPE DU SANCTUAIRE, in-12.

NARRATIONS ET DESCRIPTIONS.

THE LAMP OF THE SANCTUARY, en anglais. In-12.

TROZOS ESCOGIDOS Y DIVERTIDOS EN ESPANOL, in-12 en espagnol.

HORACE. L'Art poétique en franç.

DÉMOSTHÈNES. Les 4 Philippiques en français.

VIE DE SAINT NICOLAS, in-18.

VIES DE SAINTE CATHERINE ET DE SAINTE BARBE, in-18.

OUVRAGES A 15 C. L'EX.

EXERCICES STÉNOGRAPHIQUES POUR ÉCOLES, 3ᵉ édition, illustrée.

LA SAINTE MESSE, in-32.

CATÉCHISME, in-12.

HISTOIRE DE N.-D.-DE-LIESSE.

DIALOGUE sur Dieu, in-12.

sur la Création, la Prov.

sur l'Ame.

sur les Mystères.

sur l'Enfance de N.-S.

sur la Vie publ. de N.-S.

sur la Résurrection.

sur la Pentecôte.

www.ingramcontent.com/pod-product-compliance
Ingram Content Group UK Ltd.
Pitfield, Milton Keynes, MK11 3LW, UK
UKHW020029100726
13658UKWH00003B/1193